湛庐 CHEERS

与最聪明的人共同进化

HERE COMES EVERYBODY

CHEERS
湛庐

スタンフォード・オンラインハイスクール校長が教える子どもの「考える力を伸ばす」教科書

[日]星友启 著
赵学坤 译

斯坦福
高中校长
给父母的6堂课

湖南教育出版社
·长沙·

如何培养孩子适应新时代的思考力?

扫码加入书架
领取阅读激励

- 每周至少进行多长时间的中等强度的有氧运动,能有助于孩子提升学习效率?(单选题)
  A. 30 分钟
  B. 60 分钟
  C. 90 分钟
  D. 150 分钟

扫码获取全部测试题及答案,
一起了解如何培养
善思考的孩子

- 为了帮助孩子形成长期的自驱力,家长更应该怎样做?(单选题)
  A. 经常表扬孩子的天赋
  B. 经常表扬孩子的性格
  C. 经常表扬孩子的兴趣
  D. 经常表扬孩子的行为和付出的努力

- 21 世纪对人才的要求包括以下哪些能力?(单选题)
  A. 沟通与协作能力、实践操作能力、领导能力
  B. 沟通与协作能力、团队管理能力、批判性分析能力
  C. 沟通与协作能力、批判性分析能力、创造性表达能力
  D. 沟通与协作能力、运用互联网和计算机的能力、批判性分析能力

扫描左侧二维码查看本书更多测试题

推荐序

斯坦福思考法,助力培养高成就的孩子

张 华
少年商学院创始人,新加坡国立大学高级访问学者,
《世界是我们的课堂》作者

提到斯坦福大学,很多人第一反应是名校。然而,名校并不仅仅是一个标签、一个标志,也不是简单地走进哈佛大学或斯坦福大学校园就能领会其精髓。名校代表一种精神的传承,一种思维的启迪。虽然斯坦福大学的名字家喻户晓,但鲜为人知的是,它还拥有一所独立运营、备受瞩目的斯坦福在线高中(Stanford Online High School,简称OHS)。这所在线高中与全美其他传统线下高中一起排名,它也跻身前十名。本书由斯坦福在线高中的创校校长撰写,旨在与读者探讨如何培养出像斯坦福在线高中学生那样的高

成就孩子。书中提供了丰富的启发，帮助我们更好地理解培养优秀孩子的关键因素。

关于孩子的成长，最重要的是什么？许多人认为是进入名校、成绩优异、考试分数高。然而，在我看来，或者说在本书作者看来，最重要的品质是好奇心。拥有好奇心的孩子，能够在成长过程中，甚至在成年后，保持求知欲和想象力，这一点至关重要。本书总结了培养孩子好奇心的 3 条核心原则，这些原则听起来或许有些反常识。

原则 1：玩耍即学习。孩子是否会玩，决定了他是否能够自主地探索世界，是否能够为自己感兴趣的事物留出足够的时间。玩耍不仅仅是娱乐，更是学习的延伸。如果孩子不懂得如何玩耍，学习效果也会大打折扣。

原则 2：失控即控制。我们往往把孩子当作自己的附属品，设定各种规则，让孩子按照我们的规划生活。然而，书中提出的理念是，让孩子在日常生活中学会独立做选择。鼓励孩子跳出舒适区，勇敢面对挑战。尽管孩子的选择不一定总符合我们的期望，但在大方向正确的情况下，给予他们独立选择的空间非常重要。

原则 3：奖励即惩罚。为了激发孩子自主学习的动力，我们常常提供物质奖励，然而这种做法往往适得其反。奖励很容易变成孩子与父母之间的谈判筹码，最终导致孩子对学习失去兴趣。因此，过度的奖励实际上是一种惩罚。本书详细探讨了如何正确运用奖励机制，避免陷入这种困境。

本书还介绍了斯坦福在线高中的一个特别之处：跨学科学习。许多人可能认为这与自己无关，但事实上，现代教育对知识广度的要求日益提高，即使是国内的中高考路线，也需要学生具备开阔的视野。OHS 将哲学作为跨学科学习的基础，例如将哲学与化学结合，探讨元素周期表背后的思辨过程。这种跨学科的思维方式，不仅能帮助孩子掌握更丰富的知识，还能培养他们的批判性思维和好奇心。

OHS 不仅仅是一所注重学术的学校，它还非常关注学生的身心健康与情绪管理，认为这些是教育的核心基础。在这一全球广泛关注的领域，OHS 不仅开设了体育课程，还通过社会情感学习（SEL）帮助学生提升心理健康。书中提供了具体的方法论，包括情绪管理的建议，以及如何带领孩子进行简单的正念练习等。

教育的目的是培养一个全面发展的人，这个人应在知识、能力

斯坦福高中校长给父母的 6 堂课

和品格三个方面齐头并进。作为父母，我们关心孩子是否具备开阔的视野，自然也会关注名校。然而，如果我们把世界当作孩子的课堂，那么很多无形的思维方式——如"斯坦福思考法"——实际上人人皆可习得。虽然不是每个人都能进入斯坦福大学，但每个人都可以掌握斯坦福的思维方式。本书从家长的角度出发，提供了许多实用的建议与启示，帮助家长培养出具备好奇心、独立思考能力和社会责任感的孩子。

前 言

来自斯坦福校园的思考法

你好，我是美国一所中学的校长。我们是一所六年制的学校，坐落在斯坦福大学的校园里。学校名为"斯坦福线上高中"。本书写就之时，建校已有 16 年。

搭乘硅谷的技术风潮，站在全球教育发展前沿，我们一直拥抱创新与挑战。作为一所植根于互联网的线上中学，我们成功跻身于全美一流中学之列。全校有 900 名学生，他们来自美国及全球 40 多个国家和地区。这是一群志存高远、才华横溢的孩子，斯坦福线上高中为他们提供了"真正的国际化教学"。他们汇聚在这里，一起学习、探索。

斯坦福高中校长给父母的 6 堂课

我们身上不乏引人瞩目的标签：硅谷与斯坦福、技术路线与线上教学、六年制的学制、国际化的背景与视野，以及来自世界各地的学生等。这些足够耀眼的标签让我们从一众中学中脱颖而出。但真正了解我们的人知道，这所学校最大的特色与亮点其实是**全体学生必修的一门课：哲学**。

我是土生土长的日本人，虽然以理科生的身份考入东京大学，但中途对哲学产生了浓厚的兴趣。后来我去了美国。

到了美国之后，我在理科和文科的选择上左右彷徨，试图找一门文理兼修的学科。最终，我找到了适合自己的研究领域——逻辑学，并在斯坦福大学的哲学系拿到了博士学位。逻辑学是一门神奇的学科，涉及数学、信息科学等诸多学科，融合了文、理两个领域的知识。与哲学相遇，是我一生的幸运。但我的学生们必修哲学，绝非因为他们的校长是哲学博士。

学哲学对思考力的培养与强化有着不可替代的作用，而思考力对于当代年轻人，尤其是中小学生来说是最重要的能力之一。所以我们在创校之初，便把哲学教育视为重中之重。

在基础教育阶段，孩子们从小学到初中、高中，一路上要学习各个学科的知识。他们接受的训练是对已有信息和思维方式的记忆、吸收与内化。

当今世界的发展瞬息万变，一切事物都有着不可知且不可控的发展方向。孩子们仅靠继承前人传下来的经验，掌握其他人都在用的"玩法"，已无法应对复杂多变的未来。快速迭代的科学技术解放了生产力，也淘汰了大量低技术含量的工作岗位。人们的价值观以及对世界的理解在不断升级，甚至被颠覆。

未来的竞争只会更加激烈，莫说胜出，想办法活下来就足以令人倍感压力。现在的孩子如果只积累过往人类沉淀下来的知识，对世界只有陈旧的感知，那么他们今后的人生就会充满危机。孩子真正要学会的是跳出藩篱，找到新视角、新创意，适应新方法，创造新价值。要成就这一系列的"新"，孩子必须具备强大的思考力。若想都想不到，想也想不通，那更遑论做呢？

生活在当今时代的孩子们的当务之急是学会质疑既有的常识与经验，以新的视角看问题，并提出独到的观点，挖掘新的价值，让一切有机会在自己的掌控下得到升华。

「最新科研成果带来的有效训练方案」

父母应该如何帮孩子培养思考力？我们不能仅凭一时兴起，就让孩子直接接受哲学训练。思考力的涵盖面极广，和许多其他的能力以及心理活动都有关联。最新的脑科学与心理学研究成果揭示了思考力的本质，并确定了构建思考力的若干核心要素。

本书的使命是**帮助孩子们激发出思考力中的全部潜能**，为父母们讲解融合了脑科学和心理学的最新成果，且广受全球名校（包括斯坦福线上高中）欢迎的思维训练与教育方法。

本书的读者可能是父母，你们希望为孩子打造最强的思考力；也可能是学生或已经工作的成年人，你们希望进一步提升自己的学业或工作表现；还可能是任何一个充满求知欲的人，你渴望了解最新的脑科学和心理学是如何解释和强化思考力的。

不论你是哪类读者，我都希望这本书对你有所帮助。

目录

推荐序 斯坦福思考法，助力培养高成就的孩子

张 华

少年商学院创始人，新加坡国立大学高级访问学者，

《世界是我们的课堂》作者

前 言 来自斯坦福校园的思考法

第 1 章　升级孩子的思考力，赢在 AI 时代　001

21 世纪需要什么样的人才　003

思考力的培养，路在何方　006

好奇心是思考的起点　007

物质奖励不可取　010

磨刀不误砍柴工　014

压抑感性思维等于削弱学习能力	016
创造力的科学法则	018
哲学思维不能靠勤学苦练或经验至上	020
当代育儿难题解答 该不该让孩子彻底戒掉手机和网络	023

第 2 章 斯坦福思考法 1
学习的激情要用科学的方法来引爆　027

好奇心的 5 种类型	029
4 种好奇心人格可以"算"出你的人生	033
好奇心提升幸福感	036
哈佛大学提升孩子好奇心的 3 个诀窍	039
斯坦福方法点燃孩子的上进心	044
脑科学原理助力成绩提升	046
杜绝刻板印象,不给孩子贴标签	048
激发学习欲,斯坦福有奇招	051
当代育儿难题解答 课外班要报多少才够	056

目录

第 3 章　斯坦福思考法 2　激发自驱力　061

自驱力的本质　063
"主动做事"为什么是一种幸福　065
"控制型教育"的悲剧　067
3 步激发孩子的自驱力　071
要共情，不要溺爱　075
用力过猛，过犹不及　078
找对方法，坚持下去就没那么难　082
哈佛精神科医学专家支招，
5 个方法对抗烦躁情绪　088
| 当代育儿难题解答 |　如何让孩子少玩游戏　093

第 4 章　斯坦福思考法 3　学会真正的倾听　097

会说才会听　099
做到这 4 点，才能把话真的听明白　101
消极倾听太难防，这 4 点一定要杜绝　105
教孩子练习倾听　109

学习的助推神器	111
如何进行元认知训练	114
换位思考	116
5分钟换位思考训练法	117
当代育儿难题解答	我们该不该查看孩子的社交软件	121

第 5 章 斯坦福思考法 4 给孩子稳定的情绪内核　125

斯坦福教给中学生的智慧	127
与自己的内心拉开距离	130
与情绪玩场时光穿梭	131
从小开始练习正念	138
正念练习不难，只需"叮"的一声就可以开始	140
斯坦福慈悲冥想法	143
利他者终能利己	144
当代育儿难题解答	孩子该为学习而放弃户外运动和社团活动吗	147

目 录

第 6 章 斯坦福思考法 5
点燃创造力　　151

何为创造力　　153
创造力的大脑机制　　154
创造力主要源自遗传吗　　156
放空大脑　　158
"玩过家家"是提升孩子创造力的捷径　　159
挫折是创造力之母　　161
职场人士的创造力提升绝招　　163
我的孩子是否富有创造力　　164

| 当代育儿难题解答 | 梦想必须现在就得有吗　　167

第 7 章 斯坦福思考法 6
从 4 岁开始培养哲学思维　　171

哲学思维究竟是什么　　173
孩子学习哲学的诸多益处　　175
为什么哲学思维在当下尤为重要　　177
哲学思维教练入门须知　　178
受到 46 位顶尖学者推崇的哲学思维技能　　181

从 4 岁开始训练	183
小学生有升级版的练法	187
初中起步也不晚	191
改一个条件，结果会怎样	191
当代育儿难题解答 父母应该管到什么程度	195

结　语　**练就强大思考力，让孩子赢在未来**　　199

参考文献　　201

第 **1** 章

升级孩子的思考力，赢在 AI 时代

NEW RECIPE
OF THE POWER TO THINK

第 1 章 升级孩子的思考力，赢在 AI 时代

21 世纪需要什么样的人才

在 20 多年前的世纪之交，人们发出过一个世纪之问：未来的全新时代要求孩子们具备哪些技能？

彼时，整个世界都热衷于畅想未来，大家都在热烈地讨论下一个千年的社会和教育可能是什么样的形态。其间还诞生了多个版本的"21 世纪最重要的能力清单"。我们细细研究便能发现，各个版本都提到了几项相同的能力。如下文所示，这些能力可归为 3 大类，总计 7 种。

下列各项能力在全球范围内获得了一致认可，一起来看一看具体内容吧！

第一类是沟通与协作的能力。孩子需要拥抱全球化浪潮，与来自不同文化背景的人和谐相处。

- **沟通能力**：能与他人及时交换信息和意见。
- **协作能力**：能与他人相互配合，一起解决问题或攻克难关。
- **跨文化交流的能力**：不仅熟悉本国文化，也能接纳和理解其他国家及地区的文化、价值观和世界观等。

第二类是运用互联网和计算机的能力。随着信息产业的高速发展，这些是孩子们必备的底层能力。

- **搜索和整合信息的能力**：能熟练使用计算机的硬件和软件。

第三类是进行批判性分析的能力。孩子需要运用批判性思维进一步挖掘新价值和新见解。

- **创新能力**：能提出有建设性意义的想法。
- **批判性思考能力**：能针对某个观点或事物，深挖其存在的根据与前提，并进行细致的剖析和理性的批判。

第 1 章 升级孩子的思考力，赢在 AI 时代

- **解决问题的能力：** 能深入分析问题，找到可落地的解决方案。

其实，上述所有能力的根基都是思考力，即本书的核心话题。这些能力中的每一项都很重要，因为我们的社会正在向"知识型社会"转型，且势不可挡。技术的迅猛发展，让信息和知识得以不断突破数量与速度的限制，呼啸着向每个人涌来。我们要学会驾驭这些混沌杂乱的信息流，捕捉到其中隐藏的共性与逻辑，并将其转化为具有革新性的知识或技术。

工业时代已落下帷幕。曾经，人只需记住既有的事实、掌握已被无数人实践过的流程即可安身立命。但可以预见，技术含量不高的工作岗位在未来必将持续减少。所有简单而重复的操作，或套用既定规则进行"处理"的工作都会逐渐由机器代劳。

"填鸭式教学""死记硬背"之类的学习方式都将成为明日黄花。如今还被这些理念所包围的孩子，前途堪忧。"得高分者得天下"这种观念早已过时，应试能力将大幅贬值。这并不是危言耸听。未来的社会将是知识型社会，下一代的精英们要学会在汹涌的信息洪流中抓住机会，挖掘新价值、创造新知识。这一切都需要以强大的思考力为基础。

思考力的培养，路在何方

至此，思考力的重要性已毋庸赘述。那么思考力的培养是否有章可循？有针对孩子的训练方法吗？这个问题很难回答。

虽然世纪之交的那场讨论的确广泛热烈，但最终留下的也只有"能力清单"本身。我们并未找到与之配套的训练方法，能兼具可行性与实际效果。

在寻找方法的过程中，存在诸多困难。比如在现行教育体系之下，如何还能加入新的能力训练？学生们的学习负担本就不轻，再随意添加课程，增加学时和科目并不现实。那么，可以在现有科目中融入一部分新的教学内容吗？

乍一看，似乎可行。但首先教学体验是个整体，某一处调整可能看似简单，但往往意味着其他科目需要做出相应调整与配合。牵一发而动全身，复杂至极。其次，如何让老师们对这些能力理解到位，进而教会孩子？再次，思考力类似于沟通或协作能力，很难进行量化。最后，即使学校真的开始训练这种能力，也没有相应的考试能追踪学生的学习进度，也就无法考核老师们的教学成果。

第 1 章 升级孩子的思考力，赢在 AI 时代

好在，很多教育机构已在着手解决这个问题，各种改进措施正在逐步推出。可惜，大家对教育环境现状的理解并不到位。20 世纪的教育理念就算再陈旧，其实也在演进，又有多少人看得懂且说得清这些近在咫尺的演进和变化呢？教育之奥妙，身在其中的我们尚且看不透，就不难想象学校要从零开始训练学生 7 种能力该有多难。

虽然提升孩子的思考力已迫在眉睫，但学校并没有一套科学且实用的培养方案。你手里的这本书为思考力的培养搭建了一间新的"教室"，虽然在校园外，却能从侧面提升校园内的教学效果。这间新"教室"就是我们的家，或生活中你养育、陪伴孩子的一切场所。本书的使命就是让父母在这些日常空间里，化身为孩子的最强思维导师。

有几项素养是思考力的基础。有了它们，思维的"大楼"才能拔地而起，屹立不倒。我们先来看一看如何帮孩子打好这个基础吧！

好奇心是思考的起点

不论父母多么殷切地希望孩子学得多一点、好一点，如果孩子

自己不愿学，一切就是空谈。愿意学习的人会主动开动脑筋，去了解各个领域的观念和创想，去阅读和分析一篇篇高深的文章，去破解一道道难题，不得出答案誓不罢休。

真正的思考一定是自发的，拥有一颗能够主动运转的头脑，否则难以激发真正的思考。求知欲是思考最好的催化剂。只有当孩子对未知的事物产生兴趣、愿意主动去深挖其背后的原理时，他们才能进行有意义的思考。所以，**孩子的思考力源于他们的好奇心和求知欲，父母要做的就是唤醒并呵护他们的探索欲望。**

我们又该如何激发孩子的好奇心呢？对一个事物产生的兴趣，往往是在灵魂被击中的一瞬间，心灵由内而外生发出的强烈关注与探索热情。这种反应的有无与多少是天性使然、上苍的安排？还是性格使然，有些人就是无法产生兴趣？抑或是环境使然、周遭氛围烘托得不到位，人就提不起兴致？

若真如此，一切就只能听天由命了。恐怕再用心良苦的父母，也不能在孩子的素养清单里强行加上好奇心这一条。

这些担忧和推测很有道理。好奇心毕竟是一种本能的心理活动。这种灵魂被击中的感觉，通常都是无意间偶得的心灵体验。正

第 1 章 升级孩子的思考力，赢在 AI 时代

是这种令人难以捉摸的好奇心，让人类得以不断开发出新的工具和方法，一次次战胜各种致命的灾难和威胁。

全新的尝试带来全新的思想碰撞，进而带来全新的创想与发明，哪怕过程中可能充满了困惑、危机和失败。我们的祖先也正是因为有了这种伟大的心灵体验，才能产生一个个奇思妙想，熬过一场场自然界的浩劫，让血脉得以延续至今。人类要感谢好奇心。在浩浩荡荡的进化历史中，是好奇心让我们在物竞天择的自然界里免于被淘汰，让我们的种族得以繁衍生息。

所以，好奇心是刻进我们基因里的重要武器，是完成生存这一神圣使命不可或缺的关键因素。脑科学界正在逐渐解开好奇心背后的生物学原理。鲜有人生来就缺乏好奇的能力，我们的灵魂之所以能被击中，就是因为脑神经里有这样一段先祖们馈赠的"基因武器"。每个人都能偶得属于自己的好奇体验，但父母在保护和强化孩子的好奇心时，要特别注意以下两点：

首先，尊重科学，从脑科学、心理学的角度出发，客观认识好奇心的机理，用科学的方法指导行动。本书第 2 章将运用脑科学和心理学的研究成果，揭示"好奇"的原理，并介绍如何科学地激发孩子的好奇心和自驱力。

其次，不要让我们自己的语言或行为伤害孩子的好奇心，父母须时时提醒自己，小心规避。心理学界对这些语言和行为已有诸多研究，哪些话不能对孩子说，哪些事不能对孩子做，其实早有定论。第 2 章对这些语言和行为陷阱做了具体的讲解。

物质奖励不可取

前文已经讲过，提升思考力的前提是激发好奇心。好奇心之所以重要，是因为思考必须是自发的，任何思考都离不开自驱力。那么本节我们就聊聊自驱力。

好奇心让人对一个问题或事物产生兴趣，继而主动迈出探索的第一步，并开动脑筋去寻找答案。在这个过程中，有一点很关键，那就是主动迈出的"第一步"。没有主动性，就没有这第一步，所以自驱力至关重要。关于自驱力，你可能还听说过一系列与这个词大同小异的词语，如自立性、自发性、自主性、主动性、积极性……它们之间的差异非常微小，可忽略不计。

为了提高孩子的思考力，**我们最需要让他们形成的自驱力就是：他们计划做一件事情时，无须依赖他人的指使或逼迫，而仅靠

第 1 章　升级孩子的思考力，赢在 AI 时代

自己的独立意识和判断就能去行动。要想准确理解自驱力，我们要先了解两个概念，即"内生驱动力"与"外生驱动力"。近年来，心理学界在广泛研究"自我决定理论"①。这是主流理论关注的一个焦点，其关注的基本对象就是这两种驱动力。

手机里的解谜游戏让很多人上瘾。虽然在游戏中玩家赢得再多也换不来真金白银，但玩游戏的过程本身就已足够有趣，能让玩家欲罢不能。这是一种物我合一的享受，无须其他奖励或刺激，就能让人沉迷其中。这种享受我们称之为"内生驱动力"。玩游戏的人不是为了经济收益才玩的，"我就是想玩，没有别的理由"就是他们的内生驱动力。

与此相对，另一些事情就要靠外在的驱动力，才能吸引甚至逼迫人来做了。这些驱动力可能是作为奖励的金钱、地位等，抑或是惩罚等负面刺激。当一个人被这些驱动力推动着去做一件事情时，我们称这些驱动力为"外生驱动力"。这种驱动力是来自外部的奖励或惩罚。所以真正具有自驱力的人就是无须外界的强制或命令，能主动做事的人。

---

① 该理论主要研究人类行为的动机，尤其关注人在不受外界干扰时会做出怎样的选择，及其做选择背后的动机。——译者注

父母若想让孩子形成自驱力，就要去呵护和激发孩子的内生驱动力。内生驱动力的维护成本极高，稍有不慎就会消失，因为这个世界早已习惯了用外在的奖赏与惩罚来管理人们。校园里、职场中，每个人都肩负着分数目标、业绩任务。这个系统认为奖罚分明的规则，能让所有人都积极地行动起来。

我们可能也曾拥有过内生驱动力，但它总是让位于外生驱动力，被后者覆盖，而变得过于微弱。一个人可能原本喜欢工作或学习，但当外界把"工资""绩效""分数排名"等砸到其头上时，精神世界里的"劣币"便驱逐了"良币"，于是外生驱动力就占据了主导地位。

长此以往，一个人会感到身心俱疲，内心应有的理想、愿望以及幸福感都被外生驱动力啃噬一空。这些科学发现让硅谷有了新变化。各种小企业、新业态在这里竞相登场，尽管竞争压力很大，但硅谷的各家公司也在考虑把业绩表现与员工考核脱钩。他们不再希望用工资和奖金等外生驱动力"钓"着员工去努力工作，而愿意唤醒大家的内生驱动力，让工作成果给人以成就感，用源于为社会做出贡献的深层次幸福感去激励员工。所以我们能看到**越来越多的硅谷公司在聘请心理学家和哲学家**，以帮助员工释放内生驱动力。

第 1 章 升级孩子的思考力，赢在 AI 时代

外生驱动力摧残人的灵魂和身体，内生驱动力则与之相反，让人焕发活力。由此可知，我们在教育孩子时，不能依赖于物质奖励。科学已证明这种做法弊大于利，必须摒弃。内生驱动力难以被唤醒，原因不止这些。很多时候，对孩子的教育不可避免地带着一丝控制和支配对方的倾向。

父母当然希望激发孩子的自驱力。但我们引导孩子进步时，既要给孩子方向，还要教他们高效的处理方法。我们到底是在控制孩子，还是在引导孩子，成年人自己也不确定。而且社会中弥漫的浮躁与焦虑刺激着父母本就惶惶不安的心。

父母们在各种风潮和言论的挟持下让孩子学这学那，莫衷一是，唯恐别人家的孩子学了什么新本领，自家孩子落后于人。在恐慌之中，父母要想把握好分寸，不让自己落入"控制型父母"的窠臼中，确实很难。

本书第 3 章就是要解决这个问题。我将从心理学的角度出发，**告诉大家有哪些方法既能唤醒孩子的自驱力，又不让父母沦为周身散发着控制欲的"邪恶父母"。**

013

磨刀不误砍柴工

在提升思考力之前，孩子还必须先修完一门课——提升理解力。这是大脑进行思维活动的必要基础。它决定了一个人能否听明白他人说的话，看懂文章和书籍的内容，把入眼和入耳的信息彻底消化。

理解力与思考力其实是共生的。对事物没有准确的理解，思考就无从起步。我们想创造性地解决一个问题，就必须先弄明白这个问题到底是什么及其产生的背景。理解力的提升离不开系统化的训练，包括大量地积累基础知识、提高阅读技巧等。这就与学校教育有了共通之处。我们要帮孩子推进各种训练，不可顾此失彼。

理解力的训练不能仅靠学校的教育。本书第 4 章将介绍如何在日常生活中帮孩子提升理解力，引导孩子转换视角看问题，通过换位思考强化孩子的理解力。人的视野会在邂逅新知，或与新观点相碰撞时得到扩展，从而使思维得到提升。

当这些机会到来时，人不能刻舟求剑，而要学会向旁边走一步，从外部审视全局，客观地捕捉新信息。所以"转换视角看问题"才如此重要。遗憾的是，这种训练并不是每个孩子都能轻易获得的，生活中的教学场景非常稀缺，几近于无。

在这方面，日本的孩子尤为吃亏。其他国家的社会形态和人群构成相对多元化，不同的语言、宗教、文化相互激荡又彼此融合。日本就算再怎么积极拥抱全球化浪潮，大力发展信息产业，热情接收海外信息或亲近他国文化，但在思想与人文环境方面还是略显单薄。一个在日本随波逐流的氛围中成长的孩子很难自然而然地养成"转换视角看问题"的习惯。

但是没关系，其实我们身边还是有很多机会的，只要能抓住机会，主动进行训练即可。本书将通过3步来帮助孩子练习换位思考。

- 第一步，训练孩子进行**"积极倾听"**。这能让孩子**接受对方的出发点与视角，从而更加准确地理解对方所表达的意思。**
- 第二步，增强孩子的**"元认知"**。"元认知"即对自我认知的认知。具备良好元认知能力的人在沟通时知道自己和对方分别了解什么，心里在想什么，以及各自的感受如何。元认知已是教育领域的一个热门概念。后文将推荐几种训练方法，帮助孩子提升元认知能力。

- 第三步，我们将结合脑科学的研究成果，剖析换位思考的机制与意义，并分享几种已得到学界验证的有效训练方法。

压抑感性思维等于削弱学习能力

很多人觉得思考应该是一种非常理性的心理活动，一定处于各种感性体验的对立面，不牵涉愉悦、忧伤等情绪。于是很多说法也就听起来"似乎有点道理"了，比如："你别老想什么恋爱、社交之类的事，现在唯一的任务就是学习！""你还想不想在公司拼出个好前途了？那就赶紧工作啊，别为了这些不相干的事浪费情绪！"

很多人认为感性与理性不可并存。学习和工作只需要后者，人唯有摒弃那些情绪、感受，全身心地投入才行，否则便不可能拥有专注力。乍一听，这些论调似乎有道理，但人的思维没有那么极端，并不是非黑即白。就算我们非把感性和理性分开来看，那么高涨的情绪也不是你想压抑就压抑得住的，注意力没那么好集中。感性反应牵动理性思考，两者是紧密相关的。反之，人在情绪稳定时更能保持专注、高效的学习和工作状态，很多人对此都有体会。

所以，不难理解，在大脑构造上，情绪与认知的神经网络本就是相互交织的。没有哪种训练方法能让我们完全摆脱感性情绪的影响，只追求纯粹而高效的理性思维，反之亦然。

随着脑科学研究的不断发展，一种名为"社会情感学习"（Social and Emotional Learning，SEL）的学习方法正风靡美国。SEL 是指孩子通过学习掌握和运用必要的知识、技能和态度，以管理情绪、设定并实现积极的目标感同身受、保持良好的人际关系，并做出负责任的决定。社会情感学习包括很多内容，如压力管理与情绪控制、倾听技巧、共情能力等。本书后续会讲的正念冥想也在其中。

美国教育界正在积极推进社会情感学习，研发各种教学项目以帮助孩子提高社交与情绪管理能力。1968 年耶鲁大学率先发现，**将社交训练、情绪管理等相关教学项目引入校园后，学生们的学业表现有了大幅提升。该结论得到了大量研究的证明。**

社会情感学习不仅可以改善孩子的心理健康，还可以提升他们的学习成绩。而且近年来的各项研究都表明，社会情感学习在各种文化背景下都有成效。社会情感学习的回报也非常喜人。孩子将来收获的是更强的学习能力与更健康的心理状态。如果为总成本和总收益做一个变现计算就会发现，社会情感学习的投资回报率（投资回报率＝总收益／总成本）竟高达 1100%！

我们要明白，提高一个人的社会情感学习能力，影响的不仅是当下，更是其未来一生的收益和表现，带给他（她）的是强大的内心与健康的体魄。本书第 5 章将介绍几种已经被证明的科学有效的训练方法，通过专注于精神层面的修习，来夯实思考力的情绪基础。

稳定的情绪内核能够支撑孩子进行高效的思维活动，思维活动又能反哺情绪状态，使之进一步稳定。我们将从科学的角度出发，去验证人类的感性情绪和理性思维本就是心理活动的一体两面，密不可分。

创造力的科学法则

人类的拼搏就是屡试屡错，屡错屡试，直至灵光乍现。在这道灵感之光的指引下，我们坚持理性探索，最终就能找到答案或解决方案。

我们的创造力和理性思维也是相辅相成的。很多问题只靠理性

第 1 章　升级孩子的思考力，赢在 AI 时代

分析就会把我们引入死胡同。此时，思维需要一个"助推器"，让大胆的猜想与尝试引导我们探索道路，让创造性思维打破禁锢，带我们突出重围。但如果只有天马行空的创意而不能落地，就等于单纯的空想，最后还是徒劳。

理性思维能让无形的创意回归有形，并找到意义，帮助我们想明白很多关键的问题：这个点子有用吗？有用的话要用在哪里？该怎么用？

但创造性思维或者说创造力到底是什么？大家心里可能有很多问号："用创造性思维去提高思考力，这可行吗？""孩子有没有创造力，关键要看遗传吧！如果没有那种天赋该怎么办？""我姑且相信你说的话。但创造力能通过训练来获得吗？你的训练方法有什么科学依据吗？"

这些疑惑肯定是存在的。毕竟"创造力"这个概念听起来很美好，但也难以捉摸。这也是一代又一代专家和学者不懈地对其进行研究的原因。幸而心理学和脑科学界已取得了可喜的研究成果，明确了创造力的本质，并开发出了若干切实有效的训练方法。尽管这些科学发现与训练方法尚未广泛地向大众普及，但一些教育机构和公司已经开始逐步尝试了。

我生活在硅谷，这里也是谷歌公司的总部所在地。谷歌有个制度叫作"20% 时间"，即允许工程师拿出 20% 的工作时间来研究自己感兴趣的项目。一些学校正在推行的"天才时间"制度，也获得了广泛关注。这一制度鼓励学生们用一节课的时间进行自由探索。这些举措在提升创造力方面都获得了极好的效果，众多公司和学校正在纷纷效仿。

但对于我们普通人来说，生活已经足够忙碌了，公司和学校多半也没有类似的制度，那该怎么办？在日常生活中，有没有办法训练孩子的创造力？本书第 6 章将重点介绍与创造力相关的最新研究成果，揭示创造力的原理与机制，以及在日常生活中就可以实践的训练方法。

哲学思维不能靠勤学苦练或经验至上

"老师，我要怎么做，才能拥有哲学思考的能力呢？"

都说思考要有创造性，想法要灵活，要能突破常识和知识的局限，要批判性地看问题。但具体该怎么做，我们才能真正具备批判性思维呢？我自己是哲学博士，现在担任斯坦福线上高中的校长。

第 1 章　升级孩子的思考力，赢在 AI 时代

哲学是我们学校的必修课。于是生活中常有人问我该怎么教孩子进行哲学思考，怎么强化孩子的批判性思维，以及父母自己在这些方面能进行怎样的提升。

哲学到底是什么？恐怕大多数人都对它一知半解。至于什么样的训练才能让自己具备哲学思维？那就更是一头雾水了。很多人觉得哲学思维就如同匠人技艺，不是普通人可轻易掌握的，也不是随便拜一位师父便能领悟其中的精髓和奥妙。

也许会有人说，既然是技艺，那么只要经过勤学苦练就一定能学会，对吧？我们跟着师父或前辈学，循序渐进地亲近哲学思维，或捧起哲学著作来一遍遍地读即可。所谓"读书百遍，其义自见"，用不了多久自然就通透了。这种理解虽然看上去有几分道理，但学界的研究成果指向了完全相反的方向。训练哲学思维和批判性思维真正有效的做法是，先明确学习的目标，然后由老师系统地传授知识和方法，并精细打磨每个环节。

零散地了解哲学思维的种种方法，一点点地积累哲学思维的要领，效果远不如扎实而透彻地学习逻辑学理论、辩论法则等，毕竟这些知识和技能才是哲学思维的基础。要想教孩子进行哲学思考，**事半功倍的方法是直入主题，开门见山地为他们讲清楚哲学的各种**

思考角度和策略，比如归纳与演绎推理、质疑与反思等。

基于这种认识，世界各国正在积极引入各种形式的哲学课程。很多国际组织和会议正在推进中小学阶段的哲学教育。以国际文凭课程体系（International Baccalaureate, IB）为代表的国际先进课程体系已将哲学课程纳入其中。在日本，哲学类书籍和相关电视节目的人气节节攀升，这多半也是受到全球哲学学习热潮的影响。

但我们到底需要怎么做才能训练孩子进行哲学思考呢？本书第7章将回答这一问题，以帮助孩子解锁思考力的高阶版本，从而培养他们的哲学思维。这一章将会告诉大家训练哲学思维的益处，并向父母们介绍辅助孩子进行哲学思考的具体方法。通过阅读第7章，你会了解到如何在日常生活中实践斯坦福线上高中所采用的哲学思维与批判性思维练习。

第 1 章 升级孩子的思考力，赢在 AI 时代

当代育儿难题解答

该不该让孩子彻底戒掉手机和网络

Q 读到这里，让我们稍事休息。在本书每章末尾，我都会结合最新的研究成果，来回答父母们最关心的育儿问题。我们先来讨论一下关于手机和网络的问题。

A 二者对于成年人来说已是生活必需品，现在也已经成为孩子们生活的一部分。

人们用手机看视频、玩游戏、刷社交媒体、跟朋友聊天……稍不留神，就会沉迷其中几小时。不论男女老少，这种情况都已成为我们生活的常态。

数据显示，美国的中小学生在课后"看电子屏幕的时间"相当长。8～12 岁的孩子平均每人每天 4～5 小时，中学生能达

到 7～8 小时。要是孩子能把这些时间都花在学习上，那该有多好……相信每个父母在教育孩子的过程中，都有过这样的念头吧？

面对这种情况，有些父母可能会考虑没收孩子的手机和电脑，禁止他们上网和玩游戏。比如大部分学校已开始实施严格的管控措施，规定在课堂上或校园内学生不得使用手机。对于那些对网络和手机成瘾的孩子，有时会对他们进行一段时间的"戒网"，即采取完全禁止他们接触网络和手机这样的激烈措施。

但手机、电脑等设备早已成为现代人生活的一部分，要求孩子长时间与它们隔绝并不现实。更何况孩子今后要面对的，本就是一个由信息技术主导的世界。只要使用得当，手机和网络也可以有益于孩子的学习。

所以，父母真正应该做的不是切断孩子与信息技术的联系，而是在两者之间找到一个平衡点，让孩子学会合理地使用各种智能设备。

有什么办法能达到这个效果吗？

我推荐近几年比较流行的一种做法，叫作"设备暂离法"。当

第 1 章 升级孩子的思考力，赢在 AI 时代

你在工作或学习时，身边的智能设备越少越好，能满足工作或学习的需求即可。只在休息时玩手机或打游戏。如果不加以限制，那么一个人在学习和工作时平均每 6 分钟就会看一次手机。当诱惑近在咫尺时，我们的注意力根本无法集中到正事上。孩子在学习时一会儿上网，一会儿聊天，怎么可能学得好？任何"边玩手机边做事"的人效率都低得一塌糊涂。人类的大脑不适应这种娱乐和工作同时进行的模式。

因此，当我们工作或学习时，必须和智能设备保持距离。但也要设定休息时段，专门用于玩手机，此时可以看看短视频或打打游戏。设定休息时段能让我们对设备的使用张弛有度，既不过度沉迷，又能享受智能设备的益处。

该学习或工作时就远离手机，到了休息时段再自由使用。这个规则适用于生活的各个方面。比如你可以跟自己约定好，吃饭和就寝时不碰手机。其他时间要玩手机，也必须等到了休息时段才行。只要做到这一点，你的生活定就会变得规律且健康。不论大人还是小孩，我们都要注意抵抗智能设备的诱惑。需要集中注意力学习或工作时，就把手机放到视线之外，不到休息时段绝不去碰。

定好了规则就要和孩子一起遵守，不要出现吃饭时不让孩子玩

手机，而成年人却玩得不亦乐乎的情况。父母要给孩子做好榜样。在践行"设备暂离法"上，我们要先做到严于律己。合理使用智能设备的具体方法如下：

- 设定休息时段，每学习 30 ~ 90 分钟休息 5 ~ 15 分钟，此时可以玩手机。
- 如果学习了 3 小时之久，就可以休息 30 ~ 60 分钟。
- 为了让孩子养成健康的习惯，吃饭和就寝时不碰手机。
- 在吃饭和就寝时间之外，一定要设定休息时段，允许他们使用智能设备。
- 成年人要做好表率，只在休息时段使用智能设备。

第 2 章

斯坦福思考法 1
学习的激情要用科学的
方法来引爆

THE SCIENTIFIC METHOD
OF MOTIVATION

第 2 章　斯坦福思考法 1　学习的激情要用科学的方法来引爆

好奇心的 5 种类型

我并没有特殊的天赋，我只是充满好奇心。

——爱因斯坦

所有探索都始于好奇心。好奇心是构成思考力的第一个要素，堪称一切思考和探究的源动力。要想提升孩子的思考力，首先要激发他们的好奇心。本章要讲的主题是"好奇心"与"动力"。

思考是一种自发的大脑活动。思考可以让人不懈追寻，在各种可能性之间找到最好的主意；让人把一部部艰深的著作或文章"啃"下来；让人关注社会问题并深挖解决方法……这些思维的修行都离不开一个重要的基础，即人内心深处那股"我想弄明白它"

的兴趣以及"我要解决它"的欲望。

那就让我们先来看一看好奇心到底是什么，同时了解一下心理学界和脑科学界近年来与之相关的研究成果。只有明确了好奇心的概念与本质，我们才能真正理解如何有效激发孩子的好奇心和动力。我想先讲讲好奇心的种类。在心理学研究领域，好奇心可分为以下 5 种：

1. 对未知事物敏感。遇到不了解的事物，心里会产生一种欠缺感。但只要你弄明白了这些事物，欠缺感便会消解。
2. 喜欢探索。喜欢研究新事物和未知事物，并享受学习和探究的过程。
3. 希望了解他人。总想多了解周围的人。这种好奇心根植于我们的社交本能。
4. 能够承受未知带来的压力。会努力应对不确定性和未知事物带来的恐惧和不安。
5. 追求刺激。会在新事物和未知事物带来的恐惧和不安中，感受到兴奋和刺激。

以上 5 种内容虽各有不同，但彼此间又有关联和相似之处，让

第 2 章 斯坦福思考法 1 学习的激情要用科学的方法来引爆

我稍加解释。

第 1、2 种好奇心其实是一体两面的关系。第 1 种好奇心侧重于描述未知事物带给一个人的欠缺感,是一种负面感受。第 2 种好奇心说的是我们一旦摆脱了这种欠缺感,就能获得巨大的愉悦感。

第 4、5 种好奇心之间也有联系。第 4 种指的是我们面对未知事物带来的恐惧和不安,必须努力接纳和承受。第 5 种则是在第 4 种的基础上有了进一步发展,人在恐惧和不安之余还获得了些许兴奋感和刺激感,由"负"生出"正"来。

我们自己和孩子的好奇心在上述哪一点上比较突出,又在哪一点上比较弱呢?通过勾选表 2-1 中的选项,你就能确定自己的好奇心属于哪种类型。从表中的各个行为表现里,找出与自己相符的选项,并打钩,然后计算各个类别下打钩的总数。在第 1、2、3、5 种类型里打钩总数多的人就是好奇心强的人。

举个例子,我们来看看"对未知事物敏感"这一类型。它下面有 5 种行为表现,如"当遇到难题或挑战时,你会忘记时间,夜以继日地研究探索""不找到答案绝不罢休,你可以连续钻研好几小时",以及"当发现自己欠缺一些重要的信息时,你会十分焦躁"。

表 2-1　好奇心类型测试

类型	行为表现
对未知事物敏感	☐ 当遇到难题或挑战时，你会忘记时间，夜以继日地研究探索 ☐ 不找到答案绝不罢休，你可以连续钻研好几小时 ☐ 不得出答案就坐立难安，你会坚持探索，直至问题得到解决为止 ☐ 只要发现了有希望得到解决的问题，你就会全情投入去解决 ☐ 当发现自己欠缺一些重要的信息时，你会十分焦躁
喜欢探索	☐ 你相信困境能给人带来成长和学习的机会 ☐ 你总是希望找到新的角度去认识自己和这个世界 ☐ 你倾向于寻找需要深入思考的情况 ☐ 你很享受在陌生的领域里学习新知识 ☐ 你觉得任何新信息都有价值
希望了解他人	☐ 学习他人的习惯对你来说是一种乐趣 ☐ 你喜欢探究别人行为背后的原因 ☐ 当听到别人聊天时，你会好奇他们在聊什么 ☐ 你喜欢听周围人的谈话 ☐ 如果看到有人在争吵，你想了解冲突的原因
能够承受未知带来的压力	☐ 不管对什么事，只要你稍有疑惑，就不愿再做任何尝试 ☐ 不确定性与陌生的领域会让你倍感压力 ☐ 没有十足的把握，你不敢去探索新的环境 ☐ 只要心存顾虑，你就不敢去尝试新活动或接受新挑战 ☐ 只要有一丝不顺利的可能性，你就变得紧张慌乱
追求刺激	☐ 当尝试新鲜事物时，虽然你会感到不安，但同时也会感到愉悦 ☐ 面对风险和不确定性，你会变得很兴奋 ☐ 只要时间允许，你愿意冒险一试 ☐ 你觉得自由随性的旅行比计划周全的旅行更有意思 ☐ 朋友给你制造一些惊喜，你会感到很开心

如果符合以上特征,那么你的好奇心就非常强,属于典型的第1种类型,即"对未知事物敏感"。但要注意,第4种好奇心的打分规则有所不同。这些行为表现多见于好奇心较弱的人,他们难以承受未知事物带来的压力。一个人在这一类别下打的钩越多,就越难以承受未知事物带来的压力。相反,打的钩越少说明一个人的抗压能力越强,好奇心越旺盛。

需要注意的是,并不是每个人都可明确地划分到某种好奇心类型,而是每个人都在一定程度上融合了5种类型中的各种行为表现。

测一测自己的好奇心强在哪里、弱在哪里。对照表格找出与自己相符的行为表现,并打钩。测完自己之后,不妨帮你的孩子或学生们也测一下。

4种好奇心人格可以"算"出你的人生

前文列举了5种好奇心类型,我们的好奇心基本由其中的几种组合而成。排列组合后,便形成了多种"好奇心人格"。

研究表明，大多数人可归入以下 4 种好奇心人格亚型。

- 全面旺盛型（Fascinated）。此类型的人 5 种好奇心同样强烈，对所有未知或新鲜事物都抱有极大的兴趣和探索热情。
- 问题解决型（Problem Solvers）。此类型的人在"对未知事物敏感"和"能够承受未知带来的压力"方面表现优秀，但对了解他人兴趣不大。只想了解自己渴望了解的知识或信息，并且若自己所关注的领域有了问题就必须解决。
- 高共情型（Empathizers）。相较于其他几种类型，在"希望了解他人"方面极其出众，但在"能够承受未知带来的压力"和"追求刺激"方面表现平平。
- 抗拒型（Avoiders）。5 种好奇心都很弱。

借用漫画人物来说明，可以帮你更形象地理解这 4 种好奇心人格到底是什么样子的。

能代表"全面旺盛型"的是《龙珠》里的悟空。他有着超凡的勇气与好奇心，能够很好地承受未知的事物带来的压力。"问题解决型"非柯南莫属。他遇到问题绝对刨根问底，不找出答案誓不罢

第 2 章 斯坦福思考法 1 学习的激情要用科学的方法来引爆

休,对周围人不会刻意迎合讨好。"高共情型"的典型代表是樱桃小丸子。她能与所有人友好相处,但有时会犯迷糊。《机器猫》的主人公大雄堪称"抗拒型"的代言人。他没有表现出多少好奇心和勇气,是个有点消极的角色。

在好奇心人格类型的分布上,美国率先进行了量化研究。结果显示,各类人格占比大致为:全面旺盛型 28%;问题解决型 28%;高共情型 25%;抗拒型 19%。研究还表明,不同的好奇心人格的确会把人塑造成不同的性格,并引向不同的人生走向。对研究结果的总结见表 2-2。

表 2-2 不同好奇心人格的人的性格特征和人生走向

类型	行为表现
全面旺盛型	□ 在收入和学历等方面表现最为出众 □ 不惧压力,在困境中依然顽强拼搏 □ 爱好广泛、知识面广,在杂志和网络媒体上舍得花钱、花时间 □ 社交能力强,人脉资源广。社交媒体上"粉丝"众多
问题解决型	□ 痴迷于解谜游戏 □ 在事业和学习上埋头苦干,对各种研究都抱有热情 □ 具有强烈的自主性和独立性 □ 爱好不算多,更倾向于追求自己特有的价值观

续表

类型	行为表现
高共情型	☐ 容易感到紧张和焦虑，但在为人处世上圆融周到 ☐ 会刻意在别人面前为自己打造万事顺遂、岁月静好的印象 ☐ 非常重视自己在群体中的地位 ☐ 流连于社交媒体，"粉丝"数量仅次于全面旺盛型的人
抗拒型	☐ 相比其他类型的人，收入和学历最低 ☐ 社交方面乏善可陈，自认为不善待人接物 ☐ 比高共情型的人更容易感到紧张和焦虑 ☐ 百无聊赖，知识贫乏，在社交媒体上没有存在感

通过这张表，我们可以猜出一个人的性格特征与人生走向，不妨自己或让孩子测一测。如果结果不如你所愿也没关系，本章还会介绍如何激活和提升一个人的好奇心。

好奇心提升幸福感

通过对照表2-2，你是不是恍然大悟：好奇心越强的人，越能在人生赛道上全速奔跑，占尽先机。"全面旺盛型"的人在5种好奇心类型上的表现都很强，性格特征与人生走向都表现出积极倾向。相反，"抗拒型"的人则表现出消极倾向。

第 2 章　斯坦福思考法 1　学习的激情要用科学的方法来引爆

其他类似的心理学研究也得出了相同的结论。比如，好奇心强的人在阅读效率与计算能力上也同样较为出色，平均成绩也较高。而且他们在性格上也更加乐观豁达，更容易找到人生的意义与追求的目标。

所以，好奇心不仅能够提高学习成绩和工作表现，还对提升心理稳定性和改善心理健康状态至关重要。

为什么好奇心旺盛的人更聪明，且心理状态更稳定呢？最新的科学研究已经做出了解答。

当我们对某个事物产生兴趣或探索欲时，大脑中一个叫作"伏隔核"的区域就开始活跃起来，多巴胺的分泌也相应增加（见图2-1）。我们每次感叹"我好幸福啊""现在这种感觉真舒服"时，大脑就会分泌多巴胺。所以多巴胺也被称作"快乐激素"。

多巴胺能帮我们激活工作记忆和海马。这里说的工作记忆是大脑对信息进行处理的一种机制。大脑感知到新信息时，会迅速接收并排布好这些事物、概念，然后迅速进行分析和处理。这个过程就叫作工作记忆。工作记忆不是大脑中某个区域的名称，而是由一连串的反应组成的一种机能。海马是大脑结构的一部分，即图中的斜线区域。它对形成长期记忆起着重要的作用。

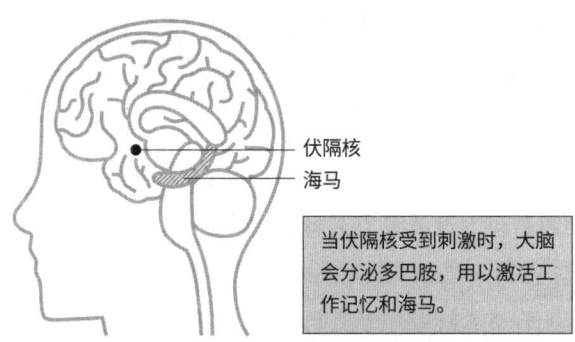

图 2-1　伏隔核受到刺激时的大脑活动

当我们试图记住一个菜谱时，海马就会活跃起来，把每一步操作都深深刻进长期记忆的存储库里。将来我们按这个菜谱做菜时，大脑会积极调取之前形成的长期记忆："先放这个，然后放那个……"我们一边调取记忆中的信息，一边操作眼前的菜刀、菜板、炒锅、炒勺等厨具。这个过程得以有条不紊地进行，有赖于工作记忆的出色表现。

综上所述，**好奇心会促进多巴胺的分泌，而多巴胺又有利于激活工作记忆和海马，所以好奇心能够提高注意力和记忆力。**

第 2 章 斯坦福思考法 1 学习的激情要用科学的方法来引爆

另外，多巴胺和好奇心是持续正相关的。我们越想搞清楚一件事，就会越好奇；越好奇，多巴胺的分泌量就越大。

好奇心越强，学习效率和幸福感就越高。可以说人类大脑里藏着一种"魔药"，有了它，我们就能提升幸福感与学习效率。现在你应该知道了，这种"魔药"就是好奇心。

哈佛大学提升孩子好奇心的 3 个诀窍

我们要进入主题了，要想提升好奇心到底需要做什么？怎么做才能最大限度激发好奇心？哈佛大学的认知科学家伊丽莎白·博纳维茨（Elizabeth Bonawitz）专注于研究学习行为，她的研究成果给了我们重要的启示。

我想先把观点讲明，**放任自流并不是提升孩子好奇心的好方法**。虽然我们经常听到有人说自由玩耍和自然探索的环境有助于激发孩子的好奇心，但这种说法有待商榷。

研究表明，孩子的探索需要一定的辅助。大人有的放矢地引导与帮助，能更快、更强地激发孩子的好奇心。以下 3 个诀窍可有效激发孩子的好奇心，供父母们参考。

诀窍 1：A 操作会带来一种结果，B 操作会带来另一种结果。想想看，这个装置的操控逻辑是什么？

第一个诀窍是给孩子提供一种略复杂的装置，它的操控方式并不像"A 按钮开，B 按钮关"那么简单。比如我们可以想象跟孩子一起玩一盏特别的灯。这盏灯有 A 和 B 两个按钮，按下 A 按钮后灯会亮，但按下 B 按钮后，灯不会有任何反应。总体上，我们有 4 种操控方式可选，它们各自的结果是：

- 只按 A 按钮，灯亮；
- 同时按 A、B 两个按钮，灯亮；
- 只按 B 按钮，灯不亮；
- A、B 按钮都不按，灯不亮。

然后我们来设想如下两个场景。场景一：我们同时按下 A、B 两个按钮，让孩子看到灯亮起。这个操作可以重复进行，让孩子连续观察两次。场景二：我们分别按下 A 按钮和 B 按钮，让孩子恍然大悟：原来玄机在 A 按钮上！按 A 按钮灯才会亮，只按 B 按钮是没用的。

第 2 章　斯坦福思考法 1　学习的激情要用科学的方法来引爆

这两个场景最大的区别在于提示的清晰度。场景一给孩子的提示是模糊的，孩子无法从这个操作中得出结论，找到灯的真正开关。场景二给出的提示就非常清晰了，孩子能立刻判断出 A 按钮才是操控的关键。

场景一里，两个按钮同时按下灯就会亮并不能说明什么，我们还是看不明白每个按钮能带来怎样的操控结果。但这种"神秘""难解"反而更能激起孩子的兴趣。

这就告诉我们，要想让孩子关注一件事情，父母最好不要一上来就公布答案。要注意控制"神秘"和"难解"的程度，如果一个问题已经难到孩子完全看不懂了，我们还是需要做一些基础讲解的。

我们要找一些只要孩子动脑筋就能搞明白的谜题，引导他们思考："既然 A 操作会带来一种结果，B 操作会带来另一种结果。那么想想看，这个装置的操控逻辑是什么？"我们既要提供现象和线索，也要提出疑惑和问题。于是孩子就能在父母的引导下进行分析、推测，解开那些只要动脑筋就能搞明白的谜题。

诀窍 2：你现在这么说倒是没问题，但如果在那种情况下，就有问题了啊！这是怎么回事呢？

第二个诀窍是我们要有意识地去挑战孩子深信不疑的知识或常识。下面这段对话就是个好例子。

父母:"一年有多少天?"
孩子:"365 天啊!"
父母:"那为什么是 365 天呢?"
孩子:"呃,好像……地球围绕太阳转一圈,刚好是 365 天!"
父母:"有道理。不过有些年份叫作闰年,闰年的 2 月要比其他年份多一天。"
孩子:"对啊!闰年时一年有 366 天。"
父母:"那你的意思是,闰年时地球要转得慢一些喽?"

当然,并不是说地球的公转速度在闰年会变慢,而是因为地球绕太阳公转一周实际花费的时间比 365 天多一点,每 4 年多出来的时间累积下来约为一天。所以我们才需要每 4 年设置一个闰年,给它补上一天。

在这段对话中,父母没有直接告诉孩子闰年产生的原因,而是让孩子先确定一下仿佛"无可置疑"的知识:一年就是 365 天,即地球公转一周的时间。然后再让孩子意识到"这可就说不通了",

第 2 章 斯坦福思考法 1 学习的激情要用科学的方法来引爆

即闰年的存在其实否定了地球公转一周等于365天的观念。

这番交锋就用上了第二个诀窍，父母做出引导的路径是："你现在这么说倒是没问题，但如果在那种情况下，就有问题了啊！这是怎么回事呢？"在提升孩子的认知时，我们不需要把答案或新知直接讲给孩子听。激发好奇心的最佳策略是引导孩子去发现，那些看似毫无疑问的事情里其实藏着漏洞和矛盾。

诀窍3：你觉得接下来会发生什么事情？

第三个诀窍是让孩子去判断事情下一步的走向。父母不用告诉孩子过程中的全部细节，给孩子一些背景信息和基本条件即可，重点是让孩子学会顺藤摸瓜，掌握分析和预测趋势的能力。孩子做出回答后，父母应该提供正确答案。但在这个过程中，**父母先向孩子提问并引发孩子的思考才是关键，这样做既能强化他们的学习效果，又能点燃他们的探究热情。**

直接给孩子灌输知识无异于填鸭，阻绝了孩子进行发散性思考和评估的可能性。因此建议大家多使用启发式提问来引导孩子。

斯坦福方法点燃孩子的上进心

有些事情如果父母做了,会对激发孩子的好奇心起反作用。我们要知道做哪些事情会有所助益,做哪些事情会适得其反。

有些人可能好奇心寥寥,对探究新事物毫无兴趣,也不愿在试错中挖掘机会。造成这种状况的原因是多方面的,但主要还是因为他们对自己的能力不自信,对犯错充满抗拒。

毫无章法地乱试一气,错了怎么办?一开始就向高人请教,得到正确答案岂不更好?

我的能力就那么点儿,自己心里有数。问老师才能不走弯路,否则凭我的脑子,想破头也想不明白。

有人会这么想,就是因为他们不自信,深恐于探索过程中的未知性和不确定性,于是好奇心逐渐沉寂、枯萎,直至消亡。怎么做才能呵护好奇心的幼苗,并让它茁壮成长呢?

我们一定要培养"成长型思维",即发自内心地相信自己的智力和能力可以不断提高。比如你坚信:"没关系!虽然我现在还什

第 2 章 斯坦福思考法 1 学习的激情要用科学的方法来引爆

么都不会,但只要坚持下去就一定学得会。"

大量研究告诉我们成长型思维有很多好处,能够让人拥抱新挑战,敢于接受艰巨的考验,从批评和错误中汲取养料,从而保持蜕变和进步,在学业和工作上都取得不俗的成绩。

与此相反,如果一个人觉得智商和能力是天生的,一切都是固定不变的,后天努力无济于事,那么这就属于"固定型思维"。具有固定型思维的人会说:"反正我就是没有那个能力,努力也没用。"僵化的思维让他们不相信挫折其实能让人成长,因而对失败和错误极其抗拒。在他们眼里,拓展和开创是没有意义的,所以对新环境和新事物毫无兴趣。

我们要想保护孩子的好奇心,增强孩子的上进心,就要避免让孩子受固定型思维的限制和误导。父母要做的是引导孩子培养成长型思维。那么哪些事情可以帮助孩子培养成长型思维呢?以下是已经得到研究证实切实可行的方法。

首先,父母自己要做好表率。在帮助和教育孩子的过程中,父母自己的思维和行动是孩子最好的教科书。其次,父母要时时坚守成长型思维,处处为孩子做榜样,孩子才能有所效仿,并发自内心地相信一切皆有可能。最后，父母要把自己积极进取的一面展现给孩子。在孩子面前，我们努力接受失败和错误，耐心复盘、反思和修正，螺旋式地进步。孩子便会从中明白，眼下陷入困境只能说明自己暂时能力不足，但只要坚持下去，必定能步步向前，得偿所愿。

相反，如果父母消极懈怠，稍有不顺便放弃，觉得命运已然注定，努力也是徒劳，自然不会去尝试新事物，或追逐远大理想。可想而知，这样的父母带给孩子的只有固定型思维。

所以律人先律己，只有大人先做好表率，孩子才能效仿，从而拥有成长型思维。

脑科学原理助力成绩提升

说到这里，估计还有人会觉得：成长型思维确实很重要，但总觉得有说教的意味。

失败可能孕育成功，努力就能带来改变，这难道不仅仅是个意愿吗？对孩子真的有用吗？存在这些疑惑很正常。

第 2 章　斯坦福思考法 1　学习的激情要用科学的方法来引爆

但近年来脑科学界的一大发现已证实这并非空洞的"说教"，人类大脑的运转机制的确支持这些道理。

当我们经历犯错或失败时，大脑会分泌多巴胺，促进神经系统升级。神经系统便会记住这个场景，形成一个新的神经回路，提醒自己下次不可再犯同样的错误。所以正是我们犯的错，激活了大脑的学习机制，让大脑有机会去高效地学习新知识。

脑科学界还有另一大发现，即人的大脑其实一直在成长，并不受年龄增长的限制。大脑的这个特点被称为"大脑的可塑性"。了解到这一研究成果，你对自己的大脑及其学习能力是不是更为乐观了？科学证明，这份乐观有助于培养成长型思维，从而促进学习的进步和能力的提升。

让孩子多了解这些脑科学的前沿成果，有利于他们培养成长型思维，强化好奇心和上进心，最终取得更好的成绩。 斯坦福大学的乔·博尔勒（Jo Boaler）教授是享誉全球的数学教育家，发起了名为"Youcubed"的数学培训项目。参加该项目的学生都会学习脑科学原理，如失败的积极作用、大脑的可塑性等。孩子们的学习成绩也因此得到了显著提高。

其实，孩子需要了解的脑科学原理其实无须多么高深。了解以上关于失败的意义、大脑可塑性的知识，以及接下来会提到的另外几点发现就已足够了。

杜绝刻板印象，不给孩子贴标签

读到这里，你已经知道该如何帮孩子培养成长型思维了。你可以做好榜样，并向孩子分享脑科学的相关成果。现在我们要换个角度，看看哪些事情是你最好别做的，否则可能会让孩子陷入固定型思维。父母不要说"你是个女孩子，肯定适合学文科"之类的话。这种随意说出的话可能会给孩子造成巨大的心理阴影。我们不要用"刻板印象威胁"去干扰孩子的自我认知。

"刻板印象威胁"是由斯坦福大学心理学教授克劳德·斯蒂尔（Claude Steele）等人通过实验发现的。研究此现象是心理学界一个极为重要的课题。

"刻板印象"是指一个人仅依据他人身上固有的属性，如人种、性别、年龄等，来对其预先做出判断。比如"有些人种在运动方面就是厉害，而在智力方面就明显不行""男生更擅长学理科"或"成

第 2 章　斯坦福思考法 1　学习的激情要用科学的方法来引爆

年人的记忆力不如孩子"等。尽管大量研究成果已证明这些观点的荒谬性，但它们依然在社会上大肆流传。

"刻板印象威胁"的意思是，当一个人被某种负面的刻板印象影响后，他（她）可能真会做出刻板印象里所描述的行为。比如"女孩子学不好理科"就是个广为流传的错误说法。总有女孩被这种说法所误导，于是她们果然学不好数学。

与之形成对比的是，如果考前不去理会这些刻板印象，那么她们的成绩就不会受到任何影响。研究表明，除了常见的人种、性别、年龄以外，刻板印象还有很多其他的载体，泛滥于生活的方方面面。

养育孩子时，父母一定要摆脱刻板印象。如果我们总是给孩子贴标签，孩子又真的接受了这些错误的标签，那么他（她）的认知与表现就真的会受到束缚。

就拿文理科学习来说。如果一个孩子总听到别人说："你只适合学文科，所以在数学上肯定不行。"听到这句话，孩子先是被绑在了文科的靶子上。然后又飞来一箭：学文科的人，数学多半好不了。如此一来，孩子就会信以为真，既然"学文科的人就是学不好数学"，那数学成绩自然每况愈下了。

记得我上高中时，很多学校在搞所谓的分级教学。学校会根据学生成绩的高低进行分班教学。一个年级里，相同科目下，会存在火箭班、平行班等不同的教学班。这不就是在给学生们贴标签吗？这样做很可能会让他们掉进固定型思维的陷阱。

最近，有学校反其道而行之，摒弃分级教学，对全体学生一律进行混班教学。这一做法成效喜人，孩子们的整体表现反而有了大幅提升。

研究表明，很多学校和父母都在以不同的形式，给学生分成三六九等。那些刻意设计出的教学规制，连同父母或老师的某些言行等，正在把孩子们拖入固定型思维的窠臼之中。

父母们不要让孩子受到自身客观属性（如性别、人种、国籍等）或过往经历的束缚。这些标签不仅会把固定型思维导入孩子脑中，更可能让刻板印象侵蚀孩子的潜力空间。请务必牢记，我们越是对孩子说"你真不是学习的料"，孩子就越学不好。

第 2 章　斯坦福思考法 1　学习的激情要用科学的方法来引爆

激发学习欲，斯坦福有奇招

我们已经了解到，在家庭教育中应杜绝贴标签的行为。现在我们来看看，在跟孩子沟通时，什么才是能做和该做的事。

说哪些话才能促进成长型思维的形成，并激发孩子的学习欲和好奇心呢？要搞清楚这个问题，父母首先要明白该怎么表扬孩子。"表扬学"是个广受关注的心理学和社会心理学课题，专家们得出过许多结论。有人认为"表扬利大于弊"，也有人认为"表扬弊大于利"。对于哪种表扬方式最有效，大家也莫衷一是。

幸而斯坦福大学社会心理学教授马克·莱珀（Mark Lepper），及其学生里德学院的詹妮弗·亨德朗（Jennifer Henderlong）教授针对与表扬相关的过往研究进行了全面的梳理。两人的研究综述对我们极有启发意义。他们的论文里提到了表扬孩子时父母要注意的几点，其背后都有坚实的证据做支撑。我选取其中 4 点，分述如下：

表扬要真实

表扬的关键就是要让孩子觉得可信。父母一旦所言不实，即使对孩子大大地表扬了一番，最后也是徒劳无益。而且，这样做会适得其反，因为孩子很快就会察觉父母在说谎。

有些父母以为自己说得很有道理，却不一定让孩子觉得真实可信。还有些父母在表扬孩子时往往很浮夸，动辄便说："你是最棒的！"然而，当孩子遭到现实的打击之后，就会深感大人的夸奖毫无意义。所以表扬要有理有据，让孩子知道他（她）当得起。

找对表扬的点

父母无须表扬孩子的天资和个性，毕竟这些属性不是孩子的主观意识能轻易改变的。我们不要说："你果然天生就擅长做算术题！"或"你的个性真棒，特别踏实认真！"短期来看，虽然这类夸奖也能产生一些效果，但不利于孩子形成长期的自驱力。如前所述，父母的这些话语可能无意间让孩子掉进固定型思维的陷阱，导致刻板印象威胁。

真正应该表扬的是孩子的行为和他们付出的努力。不要夸赞孩子有数学天赋，或天生就聪明，而要说："你在数学上确实很用功，瞧瞧这进步多大！"或"一分耕耘一分收获，能取得这样的成绩全

第 2 章　斯坦福思考法 1　学习的激情要用科学的方法来引爆

靠你之前的努力！"天赋、个性都是先天的，而在努力方面越表扬越有进步空间，所以可以多夸。

有一点需要注意，夸孩子努力也不能没有限度，凡事要讲究分寸。如果孩子做的事情本来就很简单，父母却还要一个劲儿地向他（她）强调努力的意义，表扬他（她）的勤奋，他（她）反而会怀疑自己是不是太笨了，于是自信心就会受到打击。表扬孩子努力时，我们要谨记一点，即表扬一定要让孩子觉得可信。

表扬的目的不是操控孩子

请好好思考一下，你到底是出于什么目的而夸孩子？如果你只是由衷地赞叹"我家孩子就是厉害"，或为了引导他（她）进步，当然没问题。但如果你的表扬其实是为了控制孩子的心智，或诱导孩子的行为，那就错了。

孩子的眼睛是雪亮的，能看明白大人的表扬是否别有用心，是否为了操控自己。一旦察觉到父母有别的企图，孩子就会关上心门，从此不再把大人的表扬当回事。亲子关系也会萌生龃龉。

大人即使达到目的，从此自己一夸，孩子就照做，也不见得是好事。如果孩子听话只是为了讨个表扬，父母的夸赞和物质奖励便起不到什么激励作用（参见第 1 章"物质奖励不可取"一节），孩子也不愿做没有好处的事情。家务也好，学习也好，只要父母不夸，孩子就不会主动去做。

如果父母把孩子硬生生地夸成了这个样子，那就弄巧成拙了。

不要拿别人家的孩子来做比较

夸孩子优秀，别用他人来做对比。我们不要说："咱考了全班第一，了不起！"或"我们终于超过××同学咯！"虽然这个道理我们都懂，但在日常生活中我们恐怕还是会不时做这种比较。

这多半是因为我们尝过甜头，确实靠这种方式激起了孩子的上进心。毕竟在短期内，战胜对手确实能激发一个人的上进心。但问题是，从长远来看，总拿他人来做比较会是个好策略吗？孩子在一生中难免遭遇挫折：环境变化、排名退步、输给对手……当打击到来时，他们的承受力与自信未必招架得住。

第 2 章　斯坦福思考法 1　学习的激情要用科学的方法来引爆

父母通过比较的方式来表扬孩子，甚至比夸孩子的天资或个性更有害。 一个人总在外部比较中获得优越感，就会习惯于向外部找驱动力。长此以往，影响的不仅仅是自信心和成绩，更会让他们在生理和心理上都承受巨大的压力。

当我们想表扬孩子有进步时，可以说："瞧！你在××事情上有长进了哦！"**大人在第一时间给予孩子肯定非常重要。夸得越及时，效果越好。** 只有表扬足够及时，孩子才能直观地了解自己在哪方面有了进步，以及为什么有了进步，而不用父母为他（她）分析这次具体在哪些方面有了进步。

> 当代育儿难题解答

课外班要报多少才够

Q 周围朋友家的孩子已经开始为升学考试冲刺了。他们都给孩子报了课外班，学的内容多种多样，我家孩子是不是落后了？我该怎么办才好？

A 即使你没有养育过孩子，想象一下，也能明白当下的父母正承受着多大的压力。

刚放学，孩子们就要直奔补习班或特长培训班，将大量时间花在这些课外学习上。4/5 的日本小学生都在上兴趣班或特长班，每人平均每周 4~5 小时。1/3 的孩子在参加学科补习班，每人平均每周 5~6 小时。

父母需要投入的不只是时间，还有大量的金钱。小学阶段，一

第 2 章　斯坦福思考法 1　学习的激情要用科学的方法来引爆

个孩子的特长培训费是每月 1 万～ 2 万日元。年级越高，花费越多。这个数字在初中三年级时达到顶峰，约 25 900 日元。报班的时间成本和经济支出成了家庭的沉重负担，是育儿压力的主要来源。

调查显示，父母在孩子教育和养育的不同阶段，会有如下不同的体会和担忧：

▸ 对于低龄孩子的父母，孩子的年龄越大，赞同以下观点的父母越少：
  ○ 孩子在学校开心就好，成绩高低无所谓。
  ○ 孩子的事情可以让他们自己决定。
  ○ 尽量鼓励孩子参加各种课外活动。

▸ 随着孩子年龄的增长，以下思想倾向会在父母心中越发强烈。孩子的年龄越大，赞同以下观念的父母越多：
  ○ 父母对子女教育的重视程度将决定孩子的未来。
  ○ 一想到孩子的将来，现在不给孩子报个特长班心里就不踏实。
  ○ 孩子的学历越高越好。

不论哪个群体，随着孩子年龄的增长，父母在子女教育上的思想变化倾向大抵相同。明白了这些倾向，我们就可以帮自己做好思想准备，避免将来陷入类似的焦虑时手足无措。我总结了以下几点建议，能帮父母在报班之路上少走弯路：

▸ 明确目的。我们给孩子报班的初衷可能是想给他们的校内学习做补充，也可能是希望提高他们的综合能力，拓宽他们的兴趣面，还可能是为了让他们交到新朋友，提高他们的社交能力……那么我们现在给他们报的班符合我们的初衷吗？如果你的脑海里只有一句话："周围的人都在学，那我的孩子可不能落下。"这样的初衷并不是真正为孩子着想。你须停下脚步，调整方向。

▸ 打开眼界。只要条件允许，不论是学科补习，还是运动、艺术类培训，孩子能体验的项目越多越好。孩子会在课外班上接触到很多同学、老师和教练，他们的背景越多样化越好，最好是各有特长，有老有少，且来自各个阶层。不同的群体能带给孩子不同的沟通体验与社交技能，能让他们的情绪更加稳定，社交能力和情商都得到提高。

▸ 保证良好的生活节奏和家人的身心健康。我们要在时

第 2 章　斯坦福思考法 1　学习的激情要用科学的方法来引爆

间和金钱上量力而行，负担不起时就要做出调整。你可以降低上课的频率，或放弃一些课程。如果上课外班的压力大到已经影响家庭氛围，那么你就要果断地把一切都停下来，放弃那些承担不起的班，留下可以承担的再继续。任何一种课外学习都不该以牺牲家庭幸福为代价。

▸ 不要受到他人的影响。前文介绍了一些父母报班的数据。当孩子的生活节奏或健康状况出问题时，可以参考这些数据，调整报班策略。当你的孩子明显比别的孩子学得多时，可以减少一点。但任何数据都只是在你遇到问题时来帮你解决问题的。如果你的孩子状态良好，那么就没有必要非去追平他人。每个孩子和家庭都有自己的习惯和承受力，父母根据自身情况选择课外班，安排各项日程即可。为孩子辅导学习或择校时也是一样，我们坚持自己的节奏即可，不需要追赶他人。

以上几点建议希望对你有所帮助，希望每位父母都能为孩子选择最适合的课程和课外班。

第 **3** 章

斯坦福思考法 2
激发自驱力

RAISING CHILDREN
TO BE SELF-RELIANT

第 3 章　斯坦福思考法 2　激发自驱力

自驱力的本质

本章我们来探讨培养思考力的第二个要素。前文讲到，真正的思考必须是自发的。没有自驱意识，思考就是无源之水。本章将结合心理学的研究成果，聊一聊父母应该如何激发孩子的自驱力。

父母培养孩子的思考力时，一定要关注自驱力。**如果一个孩子无须外界施压，能靠他（她）的自觉性和主动性去做事情，我们就说他（她）有自驱力。**人类天生就能产生自觉性，自己做出决策并采取行动。这是大脑具有的先天机能，后面我们会具体讨论。婴儿能够主动发出咿咿呀呀的声音，模仿大人说话。小朋友看到玩具就会抓起来玩，这并不需要谁来向他们发出指令。

孩子完全可以脱离外部引导和奖励，让自己行动起来。他们有能力主动探索和体验各种事物和环境。所有人都具备自驱力，父母要做的只是不削弱孩子的自驱力，激发并呵护他们身上宝贵的自驱力。然而，父母似乎有种干扰孩子的本能，时不时就会觉得"这个事情他（她）能试试"或"那个事情他（她）也该做"，习惯把自己的意志强加到孩子身上，动辄便限制甚至强迫孩子。

当今时代，焦虑无处不在，总是见缝插针地给家庭教育火上浇油。看到周围的孩子你追我赶，唯恐自己的孩子落后于人。岂止是不能落后，还要想方设法超越他们！于是孩子不得不学的东西越来越多。

光是想想培养孩子的自驱力过程中的这些阻力，就足以让我们倍感忧虑。

那么到底有哪些事是不能做的，我们该如何提醒自己规避这些错误？哪些事又是应该做的？本章内容将回答这些疑问。但在正式做出回答之前，我还想谈另外一个问题：为什么我们必须激发孩子的自驱力？

一定有人在担心："你这是让我对孩子放任自流？那肯定不行，这样做会让孩子变得骄纵、散漫。"不要担心，我所说的自驱力并

第 3 章 斯坦福思考法 2 激发自驱力

不等同于"放任自流"或"不加限制"。自驱力和服从性并不冲突。要想让自驱力持续发挥作用,有个重要的前提,即孩子能主动融入周围环境,与他人进行良好的协作,并严格遵守规则。

所以培养孩子的自驱力不会让他们变得散漫,"自觉"也不等于"放任自流"。有人会不忍心,说:"孩子还这么小,何苦让他们事事靠自己呢?现在他们需要大人的帮助,也在情理之中。"抱有这种想法的人对自驱力存在误解。孩子有自驱力,并不意味着"不可再向他人求助"或"事事必须靠自己"。

一个有自驱力的孩子在必要时完全可以自己做出判断,并主动向他人求助,通过团队协作来完成任务。

"主动做事"为什么是一种幸福

我们已经明确了"自驱力"与"放任自流""事事靠自己"的区别,但你心里可能还有一个疑问:为什么一定要激发孩子的自驱力呢?近年来的心理学研究成果正好能回答这个问题。各种研究证明,激发孩子的自驱力有如下好处:

- 孩子能获得极大的幸福感和自我认同感。
- 激发孩子为社会创造价值的欲望。
- 强化孩子的好奇心与上进心。
- 提升孩子的自信心。
- 提高孩子的学习成绩。
- 让孩子能更好地适应学校生活,并积极学习和参加课外活动。

所以,激发孩子的自驱力不仅能帮孩子形成更稳定的情绪状态,更好地适应环境,还能提高他们的学习成绩,让他们在学校的综合表现更加优秀。

回答本节开头的疑问,我需要再讲一下第 1 章中(参见第 1 章"物质奖励不可取"一节)提到的一个理论——"自我决定理论"。该理论的核心思想是:我们的内心深处存在着 3 大动力源,分别是:**构建良好的人际关系,享受奋斗后实现目标的成就感,以及在自己的意愿下推进事情的自主性(即自驱力)**。这 3 个动力源也被称为"3 大心理需求"。满足了这 3 种需求,我们的内心就会变得充实。

一切能让我们的内心变得充实的事情,都是动力源。由此可知，"自驱力"本就是一种基础的心理需求。激发孩子的自驱力，能让孩子感到笃定和踏实，进而产生更强的自信心和上进心。心态稳定了，上进心有了，孩子自然力争上游，表现也能节节攀升，让自己收获满满的成就感。父母激发并呵护孩子的自驱力，就是在尊重孩子的自觉性，从而帮助他们形成更健全的人格，获得更好的人际关系。

如此看来，自驱力能一举促进3大心理需求得到满足，从而使孩子的内心收获强大而正向的动力。关于如何激发孩子的自驱力，心理学界已经积累了大量经验。接下来我们来看一看具体的操作方法吧！

"控制型教育"的悲剧

有些教育方法对激发自驱力起到的是反作用，父母务必要杜绝。其中，"控制型教育"堪称自驱力的死敌。控制型父母喜欢给孩子布置任务："今天先学这个，然后去干那个。"命令加胁迫双管齐下，图的就是精准操控孩子。

很多人觉得，自己的出发点是为了孩子好。他们心里盘算着

"这个值得学""那个咱也别落下"。自以为这些指令个个都很必要。于是完全管不住自己的嘴,不经意间便成了控制型父母。

控制型教育的害处在于,会给孩子的人生带来负面的影响和挥散不去的阴影。我们来看一看学界的相关发现。孩子每天都在父母的命令下做很多不同的事,学习各种东西。他们心中那块最宝贵的地方,即3大心理需求中的自驱力遭到了侵蚀可能出现以下两种反应:

- 隐忍。虽然孩子感到痛苦,也只能咬牙顺从。随着时间的推移,他们不知怎么就做通了自己的思想工作,接受了父母的控制。心理学上把这种看似接受的行为称作"内化"。表面上看,内化似乎也不错。万一在父母的严厉管教下,孩子真的刻苦自励,长大后有出息了呢?苦尽甘来的确美好,可惜生活中很少有这样的幸运儿。现实中,即使孩子将**"控制型教育"内化,大多也只是让他们离躁狂症、抑郁症以及饮食行为障碍更近了一步而已。**
- 对抗。这是与内化相对的另一个极端,学界称作"外化"。不要以为这类孩子就能早早脱离"魔掌",凭借自主性,给自己找到一条成功之路。孩子已然被逼到用"外化"来对抗了,这就说明他们的情绪已经被折磨得极其脆弱、紧绷了,长此以往,做出极端的举动也并不意外。

控制型父母的 3 种典型行为

如果我们不想变成控制型父母,就一定要注意以下 3 种典型的控制行为陷阱:

用惩罚去胁迫孩子

> 赶紧把这个做了,不然不让你×××了啊!
> 不许这么做,不然我可要×××了啊!

有些父母希望孩子做或者不做某件事时,最喜欢这样威胁孩子。不听话的孩子要么被剥夺心头好,要么受到处罚。像这样威胁孩子真是大错特错。这不仅是个朴素的大众认知,而且得到了科学研究的证实。就孩子的心理状态和实际表现来说,高压与威胁有害无益。

给孩子过高的期望

"我的孩子必须成为朋友圈里成绩最拔尖的那一个,特长方面也不能落后于人。"父母动辄把自己的攀比欲强加给孩子,时时唠叨催促。

这些父母在乎的并不是孩子的志向与选择,而是自己的欲望。父母越是带着焦躁情绪对孩子抱有过高的期望,就越是遏制不住给孩子"打鸡血"的冲动,时不时便脱口而出:"你绝对做得到!你试都不试一下吗?"父母觉得自己给孩子注入的是动力,但科学研究证明,你注入孩子心里的完全是阻力和压力。

用负罪感去控制孩子

孩子犯了错,父母可能会气急败坏地说:"你怎么能这样?知道自己错得有多离谱吗?"听到训斥,孩子心中充满悲伤、痛苦,甚至是羞耻,还有沉重的负罪感。

孩子犯了错,父母指出错误是应该的。但如果父母把"爱之深,责之切"当作宣泄愤怒的借口,任由自己情绪失控,把指出错

第 3 章 斯坦福思考法 2 激发自驱力

误变成一场羞辱和责骂，那就太过分了。

不论出发点再好，辱骂带给孩子的都是强烈的负罪感与羞耻感。孩子可能在这些负面情绪的操控下隐忍顺从，但如前文所述，很可能导致他们未来出现身心障碍。有理有据地帮孩子意识到错误才是父母应该做的事。但把孩子当成自己的情绪垃圾桶，让孩子背负沉重的负罪感和羞耻感，是完全错误的做法。

3 步激发孩子的自驱力

我们来看一看，什么样的教育方法有益于激发孩子的自驱力？简言之，**父母只需按顺序做到 3 点：共情、分析、提供选择权。**

多年来，这个 3 步法得到了临床心理学界的广泛关注与验证。有大量证据表明，这种方法对于激发孩子的自驱力极为有效。举个例子，当孩子不愿意做一件他本该做的事（可能是学习，也可能是打扫房间）时，不妨把这件事想象成去上补习班——毕竟这是父母们向我抱怨得最多的一种情况。

孩子："唉！又得去上补习班。今天太累了，我不想去。而且我的肚子有点疼。这次就不去了，可以吗？"父母回应时，必须杜绝以下类型的控制型回应：

- "不行，你必须去！"：孩子已经非常抵触去上补习班了，但父母还硬要逼他（她）去，用的也是"你必须去"或"你敢不去"之类的措辞。如此一来，亲子间的对抗就会达到极限。孩子的厌恶情绪进一步加深，亲子关系也将不断恶化。
- "不去的话，你喜欢的××也没戏了！"：用惩罚来威胁孩子，就使自己陷入了前文说过的控制行为陷阱里，成了控制型父母。这样做于解决问题无益，孩子依然会讨厌上补习班。而且长期来看，惩罚的次数越多，亲子关系和孩子的学习成绩也会变得越差。
- "还是去吧，去了我就奖励你××哦！"：利诱也不是好办法。奖励零花钱等外部驱动力看起来起效快，但长期来看还是弊大于利（参见第1章"物质奖励不可取"一节）。

这些回应可能是下意识的，父母一定要多留神。我们要好好斟酌用词，杜绝这些错误。

第 3 章　斯坦福思考法 2　激发自驱力

下面我们进入本节的正题，看一看自驱力是如何在共情、分析、提供选择权这 3 步中逐渐得到激发的。

与孩子共情

父母要做的第一件事是，接受孩子当下的情绪，理解他（她）的抗拒与厌恶。告诉他（她）我们懂他（她）的感受，明白他（她）可能遇到了讨厌的人或事。但我们接受的是孩子的情绪，而不是他们的决定。理解他们当下的痛苦，不等于我们要一味地顺从他们。

这一步的核心任务是让孩子知道，父母明白他（她）的难处，并站在他（她）那一边。然后同孩子认真聊聊，让他们说一说具体的原因。父母要拿出一起解决问题的态度，让孩子放下戒备，相信父母愿意且能够理解自己。

分析原因

共情让亲子间有了沟通的基础，接下来就是和孩子一起分析：为什么这件事情让他（她）那么讨厌，但他（她）还是应该去做？

我们不能直接说"该做的事是躲不掉的",而要跟孩子摆事实、讲道理,说明白这件事的必要性和益处。给时间让他(她)自己思考,到底这件事情该不该去做。

说回那个拒绝上补习班的孩子。父母可以分析给他(她)听,现在去上补习班是为了将来能实现理想:去,他(她)就离理想近了一步;不去,他(她)就离理想远了一步。

强迫是没有意义的。有理有据地把话说到孩子的心里,才能真正激发他们的自驱力。通过一番分析,让孩子知道你在上补习班或任何一件事情上对他(她)是有信心、有期待的,这能让他(她)感受到你的支持,继而产生强大的自信。

但不能盲目地"打鸡血",而是要告诉孩子你这么看好他(她)的依据是什么。这样的沟通才能强化亲子关系,让孩子和父母的心靠得更近。同时也能让孩子相信自己的实力,更有意愿去追求成就感,并实现对自驱力的激发。

最大限度地给孩子做选择的权力

当我们需要说服孩子去做一件他(她)并不想去做的事情时,

一定要拆解这件事，找到其中可以让孩子做出选择的环节。比如，最终的目标不变，但完成的方式可以让孩子自己来选择。

如果孩子讨厌的是做作业，那么就让他（她）来决定什么时候做、在哪里做，以及从哪一科开始做。如果孩子讨厌的是打扫房间，那么就允许他（她）挑一个自己喜欢的房间、用自己喜欢的工具来打扫。

再说回那个不想去上补习班的孩子。对他（她）来说，可以自己做出选择的部分是几点离开家、坐什么交通工具等。但这些小事也都是让他（她）享受自主决策的好机会。

像这样，部分环节由孩子自己来决定，也有助于实现对自驱力的激发。随着孩子年龄的增长，父母还可以逐步放手，把学习目标和计划都交给孩子来制订。

要共情，不要溺爱

3步法介绍完毕，但我想对第一步的"共情"再做一些补充。

在我过去针对自驱力所做的演讲和教学中，听众对"共情"的疑问和担忧是最多的。面对同一件事，孩子表示拒绝，但父母坚持，这种情况下如何实现共情？逼迫自己与孩子共情，要么是在欺骗孩子，要么是在扭曲自己。

我能理解他们的困惑。但我所说的**共情是指"理解"孩子的情绪，而不是"产生"和孩子一样的情绪**。假设你新婚不久，夫妻和美，但挚友遭遇失恋，终日苦闷。我相信，此刻的你依然能懂朋友的痛苦。

你要做的是站在对方的角度，尽量体会并理解他（她）当下的感受。如此一来，你就能做到与对方共情。你不需要亲身经历一场同样撕心裂肺的失恋，才能明白对方的内心可能有多痛苦。

"认知共鸣"这一心理学概念刚好可以描述此类情况：我们要把自己的感受先放一边，设身处地地体会他人的情绪。认知共鸣能够让我们对他人的处境感同身受。孩子不想做他们本该做的事，父母也不能逼其就范，而是要从认知共鸣上开始沟通。

另一个令父母们感到困惑的问题是："孩子不懂事，大人还由着他（她），那不成溺爱了吗？""我们可不能纵容孩子，越纵容

第 3 章　斯坦福思考法 2　激发自驱力

他们，他们就越什么都不学。""父母不能太娇惯孩子，就得狠下心让他们知道，该做的事不去做就是不行。"

这些想法都很正常。我们常被"慈母多败儿"这个道理左右。"孩子虽然可怜，但现在如果不严加管教，以后他（她）可能就不成器。因此，我不能让步！"但有两点需要明确：

- 让孩子知道你理解他（她）的感受，和你仍然坚持要他（她）把该做的事做好，并不矛盾。
  父母要先与孩子共情，然后让孩子知道，为什么他（她）应该做这件事。核心要求并没改变，该做的事依然要做。
- 对于激发自驱力来说，父母失控的情绪也是一大障碍。我们要先读懂孩子的感受，而不是自顾自地发泄，把自己的压力施加到孩子身上。
  这种父母无疑会掉进控制型教育的陷阱，等待他们的是前文已讲过的种种悲剧。你的确不能娇惯孩子，但这并不意味你就得多指责他（她）、骂他（她）才行。

我们要记住，激发自驱力的基本思路是，先接纳孩子的情绪，然后理性分析为什么这件事情他（她）确实该做。

当然，凡事难就难在把握合适的分寸。合理的共情不是溺爱，但我们也无须过度共情。如果满心只记得共情，却忘了分析事情本身，忘了让孩子明白当下最该做的是什么，那就因小失大了。

用力过猛，过犹不及

关于共情，还有最后一点希望父母注意。我们要"设计"一个好的开场白，为后面所有的沟通打好基础。一旦基础没打好，孩子可能就没有了沟通的欲望，这场对话本质上也就毫无成效。以下3种开场白就是典型的反面案例，家长务必要杜绝。

开场白1：我懂你的感受！

这句话看上去似乎没问题。你越是想与孩子共情，就越有可能用这句话开场。但此时，孩子的情绪极度低落。听到这句话，他（她）的感受恐怕是——"你凭什么就懂了？""我现在的感受，你怎么可能懂呢？"于是，父母想要达到的沟通效果和实际的效果往往大相径庭。

一旦双方陷入僵局，对话就很难继续。任凭父母苦口婆心，孩子也无动于衷。

开场白最重要的是让孩子知道，**我们有意愿去理解和倾听他（她）**，把这层意思表达到位即可。

父母千万不要信誓旦旦地表示自己已经感同身受，不要在潜意识里盲目自信，仿佛理解孩子是件很容易的事。其实，简单的话语就能表达出理解和倾听的意愿，比如，"这确实不容易，你很累吧"或"你可能真的坚持不下去了"。**父母只需描述孩子当下的状态，让他（她）知道你正在努力了解他的感受即可。**

你也可以说，"是啊，这事真难。当年我在这个阶段时，也非常煎熬"。能这样说，你就**真正做到了放下身段，站到孩子的立场上去感受和共情。**

不论说什么，只要是居高临下地给孩子的感受下定论，那么就不适合当作开场白。待孩子的情绪渐渐平复下来，对我们的话多少能平静地做出回应了，父母再说一句"我懂你的感受"，双方才能真正实现某种程度上的相互理解。毕竟你们之间已经有了一定程度的沟通，所以共情也就有了根基与可能性。

开场白 2：没什么大不了的。

当孩子分享他（她）的挫败或烦恼时，我们可能会本能地说出上面这句话，本意当然是为了安慰他（她）。类似的回应还有"别担心了""没问题的""这都不算事儿"等，听上去体贴且积极。但我建议不要用这样的开场白，孩子表示自己很无力和难过时，父母首先要做的就是接纳他（她）的无力和难过。

我们不要轻视或否定孩子的感受。孩子可能经历了一个自己看来非常大的痛苦，已经无力承受，表示："我真的扛不住了""这太难了""我受不了了"，父母就不要再迎面泼盆冷水，去否定他（她），说"没什么大不了的""没事的""放轻松，别当回事"。

与这些话相比，真诚地表达共情与理解的话语更适合用作开场白。等双方对话有所深入，父母对情况的把握也更到位时，再说"其实这些事情没有那么可怕""不会有事的""别担心"。这时的安慰或鼓励，才不会显得生硬。

开场白 3：还有更惨的呢！这次幸好没到××的程度。

我们来看看以下父子两人的对话：

第 3 章 斯坦福思考法 2 激发自驱力

> 儿子：在昨天的校园活动上，我可丢脸了。我不好意思再去见大家，都不想上学了。
>
> 父亲：傻话！我当年出的洋相比你大多了。你遇到的这点事算什么，跟我比还算幸运的。你又没从舞台上滚下来，当着所有人的面摔得鼻青脸肿。

这种对话应该很常见，父亲的回应看上去也非常贴心。有时候，沟通的效果可能还真不错。但仔细想一想就会发现，这里藏着很大的陷阱。

首先，父亲的开场白是一句表达否定的话。但如前所述，开场白最好的选择是表达共情的话语。其次，父亲为了给孩子加油，用了更糟糕的案例来做对比，核心逻辑是"你又没糟糕成那个样子，还算走运！所以现在没什么好难过的"。

从本质上讲，父亲的姿态还是凌驾于孩子之上，在给孩子的感受下定论。在孩子眼中，这次出糗可能是他（她）迄今为止遇到的最大挫折，父亲却一开口就否定了自己的感受。一旦形成这种氛围，沟通可能就戛然而止了。

所以，**不要一开始就用更糟糕的例子来安慰孩子，那无异于否**

定甚至无视他（她）的痛苦。亲子间有了共情的基础之后，再进行这种安慰才是明智之举。

找对方法，坚持下去就没那么难

3步法看起来不难，但要想真正扭转孩子的态度，让他们主动把不想做的事都做好，肯定是个大工程，非一朝一夕之功。父母要做好打持久战的准备，坚持不懈地用3步法一次次地唤醒孩子的自驱力，慢慢接近目标。

每次用3步法成功扭转孩子的态度后，我们都要再进一步，想办法让孩子把这次的转变升华为习惯，沿用到下一次，以及未来的每一次。要知道，**在无聊、困难和麻烦面前，放弃总是一个让自己更舒服的选择。**不论是谁，咬牙坚持一次或许有可能，但之后大概率还会退缩懈怠。

成年人也好，小孩也好，激起一时的斗志或许并不难，但大多是一鼓作气、再而衰，不久之后就会故态复萌。偏科问题就是这种行为模式的典型。下面是一个真实的案例，来自一名向我求助的家长。

第 3 章　斯坦福思考法 2　激发自驱力

我们家一直很重视孩子的学习，在辅导功课方面丝毫不敢马虎。孩子在学习上也很努力，大部分科目掌握得很好，只有一科让我们特别头疼：英语。孩子对这门功课非常排斥，做完必须做的作业之后，就不想再看一眼。孩子愿意上补习班，也会自己做习题，但他只对英语之外的科目用功。他最爱的科目是数学，在数学上投入的时间特别多。在英语学习方面，我没有催促过他。因为我相信，总有一天孩子会自觉起来。但我心里还是会很担忧，怕以后会后悔。所以现在是不是应该督促他背点单词呢？

孩子的"偏科问题"不仅限于学习方面，言谈举止、日常行为等都有可能出现类似问题。有时是做不好，有时是根本不想做。

习惯是人的一种自然行为，做出这种行为并不需要你付出强大的意志力。当环境中出现某个条件时，你就会下意识地做出一种行为，这就是养成的习惯。

心理学关于习惯的养成方面已有诸多发现和建议。下面我将结合这些成果，教父母如何把孩子不喜欢做的事变成潜意识的习惯。

理解一件事的意义

要想唤醒孩子在某件事上的自觉性，父母要先帮他们理解为什么这件事应该做；另外，还要强化孩子的自信心，让他们坚信做好这件事完全在自己能力范围之内。

自驱力得到激发后，孩子就会主动思考，直面挑战，心里的抵触和厌恶情绪自然就会消解。

在前面那个偏科案例中，父母其实应该跟孩子好好聊一聊。话题可以从孩子的优势科目开始，一直聊到他的理想，以及英语能力对实现这个理想有多重要。孩子思考之后就会明白，当下的英语学习对于升学乃至未来的职业选择有着多大的影响。

聊的过程中，如果我们能让孩子的思维以3大心理需求，即人际关系、成就感、自驱力为框架展开，效果会更好。例如，让孩子想象一下，将来有一天，英语居然成了他的强项，那会是一种怎样的体验！现在学习英语的意义是什么（成就感）？学好英语对实现自己梦寐以求的目标是不是有很大的帮助（自驱力）？将来能用英语为他人和社会做出哪些贡献（人际关系）？

第 3 章　斯坦福思考法 2　激发自驱力

这些问题极有启发性，能让孩子厘清思路，把问题想明白。

小步前进，一点点接近目标

孩子要想转变自己对某件事的厌恶心态，并把做这件事变成日常的习惯，需要在大脑中建立起新的习惯回路。所以父母不能着急，**让孩子采取"小步前进"的策略，分段实现大目标。**

我们再来看刚才那个对学习英语很抵触的孩子。对于现在的他来说，哪怕每天只背 5 分钟单词都是个不错的开端。先坚持背一个星期，如果做得到，就试着每天再加 5 分钟，循序渐进。

"步"的定义也可以按具体情况来做出调整。背单词的时间长短只是标准之一。我们也可以用单词的数量或单词书的页数做标准，一个一个或一页一页地逐步增加。

千里之行，始于足下。重要的是让孩子找到自己的节奏，一步一个脚印地前进，一点点接近目标。**孩子想让自己的大脑越来越聪明，越来越好用，就必须沉得住气，耐得住打击和烦躁。**

当时机成熟时,我们要把决定权移交给孩子,问问他们:"你觉得每天可以再多背几个单词吗?""最近状态真不错,下个星期可以挑战更多。你觉得能增加几个?"以此来进一步激发孩子的自驱力。

设置信号灯

孩子最好能把什么时候做什么事、什么状态下开始什么任务,固定成流程,并形成习惯。对于学习来说,早上起床后、洗完澡、吃零食时、坐到书桌前等,都是不错的"信号灯"。**信号灯是一些会周期性发生的事,有着明确的仪式感,能让孩子在它的提醒下,形成几项条件反射式的学习习惯。**

信号灯形式不限,可以是某个时间点、场所、物品,甚至可以是孩子的某个动作。只要它能在一个固定的时间节点发生或出现,明确提醒孩子去完成某项任务,我们就可以将其设定为一个信号灯。

习惯的养成贵在重复。当某个信号灯激起过几次学习行为后,大脑的神经回路就会形成,这种习惯便会在孩子的大脑里扎根。

信号灯系统一旦形成，孩子就无须刻意提醒自己。到了某个时间点，他们就会自发地去完成某项学习任务。希望孩子们都能设置自己的信号灯，轻松进入学习状态。

制定目标和计划表

清晰的目标和有效的计划能让孩子看到习惯养成的进度，有助于习惯的固化。比如，"从现在开始，我每天要背 5 个单词；从下周起，每天再增加 1 个；逐周递增，到下月末，我每天要背 10 个单词"。

养成一个习惯需要多久？学界普遍认为，**养成一个新习惯少则需要一个月，多则需要半年**。所以我们要放平心态，让计划切实可行，让孩子有条不紊地培养习惯。

确定进度

计划制订后，孩子要定期检查执行情况，看习惯是否在按照计划稳步养成。实时看到自己的进步，可以激发意义感和目标感，有助于提升孩子的自驱力。建议孩子数周进行一次大检查，以确定习惯养成的总体进度。

除此以外，为保证日常落实，孩子还可以将每天的目标拆解成一个个小目标。例如，每天背 5 个单词。父母临睡前记得问问孩子，今天的单词背完了吗？如果已经背完，就问问孩子感觉如何，接下来定怎样的目标比较好。如果孩子没能实现当天目标，可以问他（她）第二天要怎么做才能找回状态。一旦发现原计划难以落实，可以及时做出调整。

哈佛精神科医学专家支招，5 个方法对抗烦躁情绪

每天早上，孩子总是赖床。"该起床了，快来吃早饭！"我这都叫了 4 次了，他愣是不动弹。在第 5 次叫他起床时，我怒气冲冲地冲他吼："你还不快点起来，就不怕迟到吗？我得叫几次才行？"他居然一脸不耐烦地说："烦不烦啊！"然后才慢腾腾地起床。为什么就不能在第 2 次听到我喊时便起来呢？到了餐桌，他又来一句："又是这几样，天天吃，真没劲。"我不禁气恼，立刻嚷回去："谁给你的胆子，敢这么跟我说话！"

孩子吓得大哭，我又赶忙道歉："对不起！妈妈刚才说话态度不好。"但不管我怎么安抚，孩子越哭越厉害，整个早上鸡飞狗跳。

带孩子就是在鸡飞狗跳的日常中与孩子斗智斗勇。在亲子沟通上，这种"拉锯战"式起床非常普遍。你担心什么，他就偏要做什么，还要回顶几句，让你大为光火，心理防线濒于崩溃。我担任了多年的中学校长，帮助过无数父母和孩子解决亲子沟通问题，见过太多糟糕的亲子关系。那么，脾气上来时，父母到底应该怎么做才是对的？

哈佛大学运营了一所特殊的关怀学校，在这所学校担任校医的阿布莱特博士为我们提供了以下5点建议：

把每一次"搞不定""做不到"当作学习和成长的机会

孩子赖床也好，抱怨早餐太单调也罢，当他们的行为或言语让人恼火时，父母务必要相信，这其实是在暗示我们"机会"来了。这个机会可以让我们去了解孩子该学什么，或者哪些方面需要培养。孩子身上的所有不足都是对我们的提示，让我们知道应该从哪些方面着手，去帮助和支持他们成长。

父母要做的可能是帮孩子纠正不规律的作息，体会他人的感受，抑或是说话时如何把握分寸。哪怕到了快20岁的年纪，孩子依然可能控制不好自己的情绪，依然会做出不恰当的决定。成长是一个非常缓慢的过程。当孩子言行失当时，我们应当告诉他们什么才是恰当的言行，以帮助孩子的大脑朝好的方向发育。

放宽"正确"的标准

父母之所以会对孩子恼火，是因为孩子的行为不符合我们心中"正确"的标准。以前面的故事为例，在那位妈妈心目中，孩子"正确"的行为应该是父母一叫就起床，以及绝不对妈妈做的早餐表达不满。不论我们心中"正确"的标准有多合理，孩子都有可能受客观因素影响而做不到。

一个孩子赖床，或许是由于夜间严重失眠，或许是由于身体真的不舒服。父母愁孩子成绩不够好，也是因为父母对"好成绩"有一套自己的标准。这些所谓"正确"的标准可能远高于孩子的能力水平。勉强孩子达到这些标准，必然弊大于利。父母愈暴躁，孩子愈焦虑，终将形成恶性循环。

我们可以复盘一下，看看自己的哪些期待需要调整，切合实际地为孩子设定真正"正确"的标准。

孩子的负面情绪是"求救信号"

当孩子陷入负面情绪时，不论是悲伤还是烦躁，都可视为他们在向我们"求救"。他们的负面情绪是一面镜子，能映射出他们内心的需求，提醒父母必须施以援手。

他们的负面情绪同时也在提醒父母，要开始培养孩子的情绪控制能力了。我们不要"以毒攻毒"，用更大的负面情绪去压制孩子。首先要搞明白孩子此刻的痛点或需求是什么，然后找出解决办法。

父母要学会控制自己的情绪

话虽如此，但每当孩子突然向我们发泄负面情绪时，我们自己的情绪也会受到影响。一旦我们自己也变得情绪不稳定，就更没办法帮孩子解决问题了。

遇事不要慌，我们首先管理好自己的情绪，让自己平静下来。做几次深呼吸，观察自己的情绪变化，看一看此刻的自己是否已足够冷静。

平时，父母要多学习压力管理、正念等情绪控制技能，并有意识地加以训练。当情绪失控时，要先让自己冷静下来，再和孩子进行沟通。

沉默不是问题

和孩子沟通时，不要害怕沉默。还是以前文赖床的孩子为例。他一哭，母亲就方寸大乱，赶忙一通安抚。结果适得其反，非但没弄清楚孩子真正的需求，反而让孩子的情绪更加崩溃。

母亲首先该做的是让自己平静下来。在这个过程中，即使和孩子没有交流也没关系，不要害怕沉默。虽然母亲没说话，但只要还陪在孩子身边，就向后者传达了一个态度，即我想和你一起解决这个问题，我们一起想一想该从哪里入手。父母不要强迫自己与孩子对话。待自己平静下来之后，再有条不紊地进行对话，不要害怕沉默。

第 3 章　斯坦福思考法 2　激发自驱力

> 当代育儿难题解答

如何让孩子少玩游戏

Q 在谈到孩子的习惯时，游戏是个绕不开的话题。无论男孩女孩，无论年龄大小，他们中很多人都对游戏上瘾，在玩游戏上花费了大量时间。

当然，难以抵挡游戏诱惑的不仅限于孩子，手机游戏、网络游戏等早已成为现代社会中男女老少日常生活的一部分。我们如何才能减少孩子的游戏时间呢？

A 适当玩游戏，可以缓解压力，甚至辅助学习。但如果没有节制，就会带来各种危害。过度沉迷游戏不仅占用正常的工作和学习时间，还可能引发抑郁症、焦虑症等精神疾病。

道理我们都懂，只是管不住自己的双手，常常不由自主地想玩，玩着玩着就忘了时间。游戏原本就是围绕用户的痛点来设计的，目的就是让人上瘾。

心理学研究发现，游戏能够激发人的3大心理需求。游戏通关所带来的成就感、自发行为所带来的自驱力以及对战型游戏中与他人建立的联系感——3大需求靶点，游戏全部命中。之所以大人小孩都容易沉迷其中，秘密就在这里。游戏让我们精神世界里的3大需求一一得到了满足。

最新研究指出，男孩和女孩在成瘾表现上略有区别。对游戏上瘾更多的是男孩，而女孩则倾向于社交媒体上瘾。一刀切的处理方式也不现实，我们不可能让孩子彻底告别游戏和社交媒体。强行禁止反而会让孩子产生更大的欲望。

我在本书第1章的"育儿难题解答"里介绍过几个方法。比如设定好休息时段，在这些时段内，孩子可以自由使用智能设备。又比如跟孩子约定好，吃饭和就寝时不碰手机、不打游戏。同时大人自己也要以身作则，减少玩游戏和刷社交媒体的时间。

在此基础之上，我们还可以逐步引导孩子减少玩游戏的时间，

第 3 章　斯坦福思考法 2　激发自驱力

但要注意以下 4 点：

- 第一，起始阶段的目标是每天少玩游戏 15 分钟。如前所述，习惯的改变或养成需要一个过程，不可操之过急。我们可以先把目标定为"每天少玩 15 分钟游戏"。坚持几周后，若成效显著，可再减少 15 分钟。如此循序渐进，就可以持续下去。

- 第二，给游戏找"替代品"，来满足孩子的 3 大心理需求。游戏真是太会满足人的心理需求了。所以我们要想让孩子远离游戏，就必须找个替代品，来继续满足他们的需求。一定还有很多别的事情可以让孩子同他人建立社交关系，找到与他人的联系感；或激发孩子的自驱力，促使他们去享受挑战和拼搏；或让孩子换个舞台达成新目标，找到成就感。其实像做作业、打扫房间等简单的事情就是既能带来成就感，又对自己和他人有益的事，不妨尝试。

- 第三，先给"替代品"，再玩游戏。每天的游戏时间一到，我们要先给孩子"替代品"，达到目标时间（如 15 分钟）后，才能让他们在规定时间内玩游戏。

- 第四，让孩子自己思考。我们要让孩子自己思考采取怎样的替代行动，以怎样的节奏逐步减少游戏时间。找个合适的时间，和孩子好好聊一聊，耐心地予以引导。接下来，我将在第 4 章介绍积极倾听的技巧，父母可以运用这些技巧，来促进亲子间的沟通。

第 4 章

斯坦福思考法 3
学会真正的倾听

THE SUPERLATIVE
COMPREHENSION TRAINING

第 4 章　斯坦福思考法 3　学会真正的倾听

会说才会听

本章我们要探讨构成思考力的第三个要素——理解力。

理解力和思考力是相辅相成的，没有理解就没有思考。思考任何问题，首先都要想明白它到底是在问什么，及其产生的原因和背景。当遇到难解的问题时，我们必须基于以往所获得的知识和价值观进行思考。

我们要想把每个问题或情况理解到位，就得先构建出强大的知识网络，并不断提升阅读能力和理解力。这是一个需要系统化训练的过程。

不过，有一些知识和技能是在学校学不到的。本章就要从这些方面入手，让家庭教育成为学校教育的有力补充，帮助孩子提升理解力。你可能会问："学校都不教的东西，在家里还能学到？"无须担心，接下来的全部建议，都可以在日常生活中进行实践。

我们先来学习如何在日常对话中有效地理解对方的观点。我推荐的方法叫作"积极倾听"。这是现代心理治疗领域的先驱卡尔·罗杰斯（Carl Rogers）提出的方法，在心理治疗、心理咨询和在职培训界备受推崇。

你可能也发现，在办公室或校园里听别人说话时，明明听得很认真，但不知不觉间注意力就分散了。等反应过来时，发现自己早已走神。而且有些时候，我们满脑子想的都是自己接下来要说的话，以至根本听不进去对方在讲什么。这种情况可能出现在任何场景中。

还存在另外一种情况，即我们表面上在听，但除了听这个动作之外，什么都没干。顾名思义，"消极倾听"指的就是这种只听不互动的被动倾听模式。我们因此无法准确领会说话者的观点。**我们应该学习的是积极倾听。如果我们想把对方的话听清楚、听明白，就要积极地参与到对话中去。**

第 4 章　斯坦福思考法 3　学会真正的倾听

要想获得卓越的理解力，就要从消极倾听转变为积极倾听，适时地参与对话。换言之，要想成为一个"善于倾听的人"，必须先成为一个"善于表达"的人，知道该在什么时候开口，与对方积极互动。

学会积极倾听不仅能提高理解力，还有助于强化自信心，让我们的情绪变得稳定，人际关系更加和谐。有研究甚至指出，**积极倾听可以提高学习外语的效率**。那么请跟我一起学习其中要领，来帮助孩子提高倾听能力。

父母首先要做的是亲自实践积极倾听。

只有父母先成为合格的积极倾听者，孩子才能通过效仿，自然而然地领会其中的诀窍。所以在介绍孩子的练习方法之前，我想给父母们提几点建议，以掌握这种技巧。

做到这 4 点，才能把话真的听明白

要想成为一个积极倾听者，我们要注意"4 做"和"4 不做"。

我先从"4做",即要做到的4点讲起。

复述对方的话,但换个说法

我们可间歇性地复述对方说过的话。复述时,要用自己的话来替换对方的话。**复述让我们时刻与对方保持同步,并向对方确认自己的理解程度。同时也让对方知道,我们在专心听他(她)说的每一句话。**

当对方说完一段后,我们可确认:"嗯,这是××的意思,对吧?"用××代替处即是我们用自己的语言对对方的意思所做的总结。这样做不仅能加深你的理解,还能让对方有机会及时纠正你的误解。

复述远比简单地点点头,说"原来如此"或"完全同意"要好得多。但我们的复述要适度,句子不要太长,不要太频繁,以免干扰对方的表达。

深挖细节,适时提问

任何时候,只要你感到困惑,就可以及时向对方做出确认，如：

> 你说的这个□□，就是××吗？
> 刚才提到的□□，跟××是一个意思，对吧？

你的问题一定要简短，因为你的目的只是确认对方话中的内容。你也可以请对方提供更多信息，如：

> ××那时，你是什么感受？
> 对于××，你有什么想法呢？

你可以用自己的话去复述××部分的内容，并向对方提问。切记，我们只是为了确认内容，以获得更多的信息和细节。**如果我们问得太多，会让对方觉得我们是在挑衅或刁难，所以一定要把握好提问的频率。**

向对方表达共情

当我们表达共情时，有感而发，有一说一即可，无须勉强迎合。你可以说：

没错，就是你说的××这个意思！
你的反应非常正常！
我要是你，肯定也一样。

我在第3章"用力过猛，过犹不及"一节里提到过，父母不可动辄便宣称"我懂你的感受"，积极倾听者关注的是对方的感受，而不是倾听者自己的感受。一句"我懂"过于强调倾听者自己的感受。你到底懂不懂对方的感受，其实你和他都不确定。

我们应该把注意力放在共情上，置身于对方的处境中，并肯定对方的感受。就算我们委实无法感同身受，也可以敞开胸怀，向对方表示：

遇到这种情况，很多人的感受和你一样。
你会觉得××，确实是有道理的。

即便不能与对方共情，我们也要管住嘴，不要轻易质疑和否定对方的感受，不要说：

你居然会觉得××？
你说的这个××，我肯定理解不了。

第 4 章　斯坦福思考法 3　学会真正的倾听

让对方知道你听得很投入

你的表情、目光、姿势、手势要适时回应对方所说的内容。**对方说话时，我们要直视对方的眼睛，不时给予回应。**比如，别人讲到伤心处时，我们不能嬉皮笑脸。倾听者应控制好表情，以免自己的反应和对方表达的情绪相冲突。

对方越是觉得你听得认真，表达就越是活跃，你也就越能准确理解对方的话。

消极倾听太难防，这 4 点一定要杜绝

本节我们来讲 "4 不做" 具体是指哪 4 点。

不要贸然定义对方的感受

倾听者不要给对方的感受下定义。要注意，有些话虽是无心之语，不过一旦从我们嘴里说了出来，同样会让对方感到被冒犯。前文提到的那句 "我懂你的感受" 就是一个典型。在对方眼里，你已经为其个人感受贴上了标签。

此外，我们也不要去评价对方所说的话，无须对其感受做出是非对错的评判。积极倾听不是为了评判对方，而是为了走入对方的内心，理解并接纳其当下的感受。不论对方的感受是对还是错，出发点是好还是坏，你都无须评判。不论对方的观点如何，你都无须表达赞同或反对。

倾听者只需真诚聆听，接纳对方的一切经历、情绪和看法即可。

不要打断对方

不要在对方说话时打断对方或妨碍他们表达自己的想法。

如前所述，不可过于频繁地复述对方的话，更不可喋喋不休地表达我们自己的意见。必要时，可向对方提问，但不要过问太多细节而忽视了对方话语中的关键信息。

当对方想将对话转移到下一个关键点时，我们切不可再纠缠于之前的某些无关紧要的细节，抑或是说一些离题的话。这些都是应当避免的失礼行为。

第 4 章　斯坦福思考法 3　学会真正的倾听

不要轻易提建议

积极倾听的目的是去了解对方的经历，理解对方的感受，而不是向对方提供解决问题的建议，或指导对方怎么做事。

当别人向你倾诉烦恼或痛苦时，不见得就是来讨教的。很多时候，问题本身能否得到解决并不是他们在意的点。他们要的只是倾听和接纳，而不是分析或指点。

有时，我们可能会觉得自己的某个方法颇为高明，希望对方采纳。可人家明明没有主动询问，我们却一味自以为是地表示"应该这样做""应该那样做"，最后只会自讨没趣。

即使自己并没有打算给出建议，话语中却透着一股教人做事的味道，这种也要注意，不要无意间刺伤对方。

不要否定对方的看法或感受

积极倾听时，不论对方说了什么，我们都不要予以否定或质疑。这是倾听而非辩论，驳斥对方观点不是我们的目的。在对方的故事里，是非如何、谁对谁错、你的观点是否与他们相左……这些都不重要。

说到底，我们的目的是尽可能理解对方的想法和感受。因此在对话中我们要保持开放的态度，在尊重对方的前提下进行对话。

我在第 3 章 "用力过猛，过犹不及"一节中讲过，诸如"没什么大不了的""这次幸好没到 ×× 的程度"等话语，本质上都是在否定对方的感受，应当注意避免。

以上便是积极倾听时我们要注意的"4 做"与"4 不做"，希望能帮到大家。在对话中，同时注意这 8 点并不容易做到，因此，可以从日常生活中的对话开始，一点一点地实践和练习。比如，你可以从"4 做"与"4 不做"中各挑一点来练习。熟练掌握之后再增加，从两点到三点，直至全部掌握。你也可以请朋友或家人来配合你练习，他人的反馈能提升练习的效果。

如前所述，练习"积极倾听"的意义不仅仅在于提升孩子的理解力，更在于让父母自己在这个艰辛的时代里提升自信，稳定情绪，改善人际关系。希望这些诀窍对大家有所助益，让我们每个人的倾听都更加高效。

第 4 章 斯坦福思考法 3 　学会真正的倾听

教孩子练习倾听

本节我们来了解如何教孩子练习积极倾听。中学阶段的孩子可与父母一起练习前文的"4 做"与"4 不做"。

父母首先要告诉孩子积极倾听的目的，以及"4 做"与"4 不做"的具体内容，然后设定好倾听者和倾诉者的角色，就可以开始练习了。练习过程中，双方角色还可互换，这样效果更好。

通过角色互换，每个人都有机会体会对方的感受。一轮练习结束后，双方可对彼此表现进行反馈。但我们不要摆成年人的架子，居高临下地点评孩子，要抱着共同学习的心态与孩子互动，一起进步。

孩子如果年纪太小，还没上中学，不太适合直接进行积极倾听训练。

积极倾听的概念并不容易理解，成年人练习起来尚且要花不少时间和精力。

对于年龄较小的孩子，我推荐下面这些互动小练习：

- 传话游戏。大人和孩子围坐一圈。预先准备一句话，大家按照顺序将这句话传下去。孩子接到他人传来的话时，必须仔细听话的内容，并传给下一个人。这个练习可以训练他们集中注意力听他人讲话。
- 找不同。大人跟孩子讲某个之前讲过的故事时，可故意改变部分情节或信息。在开始讲之前提醒孩子，接下来你听到的故事内容和之前有不同之处，需要留意。开始讲之后，我们要讲完一段就停下来，问问孩子："听出有什么地方不一样了吗？"这个练习既可以让孩子集中注意力，又可以让他们养成不插话的习惯，等待合适的时机与说话者互动。
- 模仿大人讲一段话。跟孩子聊天或一起读绘本时，可以让孩子复述我们的话。大人先告诉他："接下来这段话要专心听，一会儿，妈妈/爸爸需要你来模仿我的样子讲一遍。"我们可以讲30秒左右，就让孩子来模仿我们的语气，将这段话重新讲一遍。这个练习可以提高孩子的复述能力。
- 先听后问。我们先跟孩子讲好："过一会儿，我说完这段话后，请你向我提几个问题好吗？"大人说完，便请孩子提问，提的问题越多越好。我们甚至可以做个游戏，根据孩子提问的数量来给他（她）打分，数量越多，分数就越高。这个练习可以训练孩子的提问能力。

- 谁在哪里做了什么？给孩子讲故事之前，我们要告诉他（她）："待会儿妈妈/爸爸讲完了，请你来说一下，这里面都有谁、在哪里、做了什么，好吗？"讲完之后，便让孩子来总结这3点。这个练习可以训练孩子提取他人话里的要点，并进行复述。

做这些小练习时，大人自己要尽量按"4做"里的要求去做。这些练习有两个共通的原则，一是大人先说，再请孩子互动；二是大人说之前，要先告诉孩子稍后互动的规则。了解这些方法与原则之后，我们就可以跟孩子一起练习了。

学习的助推神器

孩子习得超强的思考力，除了学会积极倾听外，还有一个重要的源泉，即"元认知"。近年来，元认知的概念在包括教育界在内的多个领域都广受关注。

"认知"指的是我们对事物的理解和感受，包括如何看、如何听，以及如何知晓。"元认知"是一种更高层次的认知，建立在认知的基础之上，是对"认知"本身的理解。所以"元认知"也被称为"关于认知的认知"。

举个例子，请看这个问题，现在的东京天气如何？我望向窗外，能看到斯坦福校园上方晴空万里，但我并不知道东京天气如何。"不知道东京天气如何"是我的一种认知。这种认知让我了解"原来自己不知道东京的天气如何"。"我知道'自己不知道东京的天气如何'"就是一种关于认知的认知，即元认知。

除此之外，还包括我们对自己所擅长的或不擅长的方面的认知，以及基于自我评价而设定的目标等，都属于对自己知识和能力水平的认知，因此也都属于元认知。

为什么元认知近年来成为热门概念？这是因为随着元认知能力的提高，我们对知识的理解、吸收和运用会更加深入，对问题的分析和解决会更加到位。我们的学习效果受到诸多因素的影响，其中来自天赋和智力的影响占10%。不过，有研究显示，来自元认知能力的影响所占比例高达17%。

第 4 章　斯坦福思考法 3　学会真正的倾听

换言之，**元认知对学习效果的影响，比天赋和智力的影响高出了将近一倍**。其实，在这些研究成果做出之前，我们就意识到了提升元认知能力可以提升学习能力和工作的表现。

人一旦意识不到自己的无知，就会变得盲目自信，不再学习，不求上进。相反，当一个人意识到自己的无知时，就会产生求知欲，并努力学习。

只有当我们对自己的能力和知识水平有了客观的认知，才有可能迈出进步的第一步。

元认知让一个人全面地看到自己的长处与不足，进而设定更加合理的目标，制订更加有效的计划。从脑科学的角度来看，元认知也有助于提升学习效率。

如本书第 2 章提到的，当我们对某个现象或事物产生兴趣时，大脑会分泌多巴胺，激活大脑的某些机能，从而提升学习效率。我们的好奇心与关于自己无知的元认知密切相关，因为当我们意识到自己不知道某事时，就会产生兴趣。

"不知道"是好奇心的基础。所以我们对自己"不知道"的意识越强烈，就越能激发好奇心。伴随好奇心而来的是多巴胺。在多巴胺的刺激下，大脑将为高效学习作好准备。所以，训练元认知能力可以提高一个人的学习能力和认知能力。为了提升孩子的理解力，让我们在日常生活中训练元认知，并将这种实践变成习惯。

如何进行元认知训练

要想训练孩子的元认知能力，父母须在孩子学习前和学习后，分别发挥关键作用。孩子开始学习前，我们要提醒他们思考几个问题，并帮助他们做好"元认知"记录，即使内容简短也无妨。问题如下：

- 你今天要学习的主要内容是什么？
- 这其中哪些是你已经掌握的，哪些是你还没掌握的？
- 今天的学习内容是你擅长的，还是令你头疼的？如果是后者，你打算如何着手？
- 你觉得经过今天的学习，大概会收获些什么？

孩子可以在每天开始学习之前，把当天的学习任务在脑子里过一遍，花 5～10 分钟把对上述问题的回答写下来。也可以按学习科目来划分，在学习每个科目之前，花 2～3 分钟来记录这些思考。

第 4 章　斯坦福思考法 3　学会真正的倾听

这种记录无须讲究措辞与数量，大体写几条即可。这个练习的关键在于让孩子有意识地去规划任务，在学习开始前养成对认知进行盘点的习惯。这个练习看似简单，却能通知大脑作好准备，进入高效运转状态。学习结束后，孩子要再一次进行元认知训练，将学习的效果进一步夯实。

当孩子完成一个科目，或全部学习任务后，他们可以用一些问题来对自己的元认知进行二次盘点。问题如下：

- 我刚才都学了哪些内容？
- 有了哪些进步或收获？
- 今天的学习成果能为将来打下什么基础，或起到什么作用？

这几个问题也只需在脑子里快速过一遍，花 5～10 分钟，让孩子能在学习后再更新一下元认知即可。

除此以外，还有很多方法可以训练元认知能力。比如我们可以让孩子来设定目标，并主导学习计划的制订。接下来，孩子要坚持元认知练习，实时追踪学习进度，把握现实和目标之间的差距。这样做能提高他们对自身知识和能力的元认知水平。

如果孩子已经上中学，父母就可以根据前面的内容，直接给他们讲解元认知的概念及其重要性。孩子明白了元认知训练的意义所在，就更能坚持训练，形成习惯。

换位思考

了解完积极倾听和元认知训练后，我们来看第三个可以提升理解力的方法：**换位思考**。顾名思义，换位思考就是转变视角，从他人的角度来看问题。这意味着我们要跳出自己的思维惯性与立场，从一个新角度去审视和分析情况。显然，这对理解双方观点和学习新知来说，意义重大。

研究发现，换位思考能有效提高一个人的创新思维、谈判水平和集体协作能力。正因为换位思考力如此重要，其机制和原理已成为近年来脑科学研究的重点。当我们进行换位思考时，大脑将启动两大机制，即心智化网络和默认模式网络。

心智化网络让我们主动去捕捉和分析对方行为背后复杂的情感与动机，也让我们据此去预判其接下来的动作。举个例子，一天，我绕着办公室的咖啡机踱步。秘书看到后，对我说："您想喝杯咖

第 4 章 斯坦福思考法 3 　学会真正的倾听

啡吗？但现在都是下午了，您在犹豫要不要喝，对吧？"判断完全正确。秘书从我的动作里捕捉到了我内心的挣扎，这就是她的心智化网络在起作用。与之形成对照的是默认模式网络。当我们从精神高度集中的学习或工作状态中抽离出来，放空大脑时，或任凭思绪自由徜徉时，默认模式网络就开始运转了。

其实不止是在休息时，有时候哪怕在开会或上课时，我们也可能不由自主地放飞一下思绪，比如想想今晚吃什么。此时，在我们脑中活跃的也是默认模式网络。默认模式网络让我们的思维变得天马行空，越过既有的知识框架或分析路径，享受自由的创意思维。

5 分钟换位思考训练法

那么，如何训练换位思考？下面我介绍两种训练方法，两者都是基于宾夕法尼亚大学沃顿商学院的研究。这两种训练方法的原始版本多用于员工的在职培训。我们先来了解原始版本，然后再来看如何变通地运用到孩子身上。

中学阶段的孩子可以直接使用原版训练法。刚开始时，父母可放慢速度，依次向孩子提问，请他们配合回答。小学阶段的孩子最好还是使用儿童版训练法。

回顾式换位思考训练法

- 最近两周内，你有没有发现什么事情，非常适合用来进行换位思考练习？不限场景，不论是在学校、公司还是家里，都可以。请回忆。（30 秒）
- 当时发生了什么？请按照事情发生的先后顺序，一条一条地写下来。（3 分钟）
- 把我们自己当成这件事中的另一方，这些情节在对方眼里可能是什么样子的？（1 分钟）
- 请思考，刚才回答的这三个问题对换位思考有什么帮助？（30 秒）

上面的问题 1 可由大人来做。我们指定一件事，可以是孩子和伙伴，或孩子和家人之间发生的互动。

问题 2 和问题 3 交给孩子来回答，但我们可以给予辅助。举个例子，父母就具体的一件事开始："前几天，你和 ×× 玩的时候，发生了 ×× 这件事，对吧？"然后引导孩子进行回忆："仔细想一想，从头到尾都有哪些事情发生呢？"接下来转换视角："现在，你假装自己是××小朋友，重新讲一遍当时的情形。"最后，我们问问孩子："站在对方的立场回顾这件事后，你的感受有了什么变化？"

最初我们进行口头对话即可。孩子对练习适应后，就可以拿出纸笔，练习原版方法了。

未雨绸缪式的换位思考训练法

- 现在，请孩子预想一下，未来两周可能发生的事情中，哪3件事是需要我们尤其进行换位思考的。（1分钟）
- 从这3件事中选出一件，让孩子想一想，如果他（她）能换位思考，站在对方的立场上审视和分析情况，那么事情的发展将会如何。孩子要从事情的开头一直想到结束，把整个过程仔细思考一遍，并按照先后顺序，在纸上记录下自己的思考结果。这份记录至少应包括以下几点：（3分钟）

我该怎么说第一句话？
沟通过程中，我要特别注意什么？
我该如何应对对方的反应？

- 请孩子思考，换位思考为我们带来了哪些好处？（1分钟）

训练孩子的换位思考能力时，可以先指定一件事，并辅助孩子完成问题 2 和问题 3。我们引出一件可能发生的事情："××的事情是很有可能发生的，对不对？"如果孩子需要，我们可以用问题一步步地引导他（她）进行换位思考："如果真发生了，×× 小朋友会怎么想呢？""他（她）如果就是这么想的，你打算说点什么或做点什么？"

最后，还要让孩子想一想，如果我们完全不考虑别人的看法或感受，又会发生什么事情，我们为什么不能这么做。

第 4 章　斯坦福思考法 3　学会真正的倾听

> 当代育儿难题解答

我们该不该查看孩子的社交软件

Q 社交软件已渗透到我们生活的每个角落，无论大人小孩都受其影响。通过社交软件，我们跟老朋友保持联系，跟新朋友建立联系，并分享自己的动态和观点。很多功能各异的应用和游戏正在相互融合。有些应用已经集学习、聊天、社交等功能于一体，形成了一个巨大的平台。那么我们该不该查看孩子的社交软件呢？

A 在这些大型平台上，社交功能是无法被精准剥离的。所以我们不可能一刀切，让孩子彻底脱离线上社交。作为监护人，我们既要接受社交软件的强大功能，也要看到其中暗藏的各种风险。

　　通过社交平台，孩子可以向外发送文字、图片和视频，还能转账和收款。那么他们就完全有可能泄露个人信息，或者遭到网络霸凌。在某些情况下，孩子甚至可能卷入犯罪或反社会事件中。这些风险当然不是网络世界所独有的，它们也可能存在于线下的很多场景中。但手机的存在让问题来得更加猝不及防，也更加难以招架。

社交软件若使用不当，后果将不堪设想，会对孩子的身心造成重创。而且这些伤害并不是暂时性的，其恶性影响将持续存在。孩子不仅会产生自卑情绪，更有可能患上躁郁症和抑郁症。有报道指出，过度使用社交软件不仅可能导致低自尊、焦虑症和抑郁症等心理健康风险的增加，还与肥胖症、糖尿病、高血压等身体健康风险的增加有关。即便如此，完全禁止孩子使用社交软件也不现实。

更何况，我们若真的对社交软件的使用一刀切，此后亲子间就不可能再就社交软件的使用问题有任何沟通。事实上，孩子肯定会背着我们偷偷使用。风险和伤害依然存在，只是会从暗处袭来，父母毫不知情罢了。所以我们要做的不是切断孩子和社交软件的联系，而是帮助孩子明白其中的风险，并帮助他们形成防范意识，从而正确使用社交软件。我们可以定期跟孩子聊一聊他们的社交软件使用情况。不必特意找机会，随便什么时候，简单聊几句即可。重点是把握以下几点：

第 4 章　斯坦福思考法 3　学会真正的倾听

- 孩子使用社交软件的主要目的是什么？
- 他（她）知道该怎么做，才能不影响学习和朋友关系吗？
- 他（她）目前在使用哪一款社交软件？
- 这款软件对用户的年龄有何限制？
- 使用社交软件时，有无泄露个人信息的风险？具体是什么风险？

我们还可以针对社交软件的使用，和孩子一起讨论，为全家制订出合理且安全的使用规则。这个规则对所有家庭成员均适用。父母要严于律己，给孩子做好榜样。以下是几点注意事项，请在你们制订的规则中有所体现：

- 什么时候可以使用社交软件？（如晚上 9 点以前可以使用，但晚饭时不可以使用）
- 每天最多可以使用多长时间？（低龄儿童不可超过 2 小时）
- 在哪里可以使用？（如客厅可以，但卧室不可以）

允许儿童使用社交软件时，一定要最大限度地控制风险。父母和孩子要约定好风险防范规则，让孩子在使用时多加注意。可以参考以下这些注意事项：

- 谨慎选择发送的图文信息，不恰当的内容不发。
- 尊重他人，如果有些话当面说是不礼貌的，那么在网络媒体中也不该说。
- 未经他人允许，不转发或公开他人的留言和照片。
- 不向陌生人透露自己的电话、住址、生日等隐私信息。
- 不在账号简介中公开这些隐私信息。
- 定期检查软件的隐私设置。
- 不跟朋友分享账号、密码等信息。
- 如果在别人的设备上登录自己的社交账号，一定要记得离开时退出登录。
- 当有陌生人联系你，或任何人说了侵犯性的言语时，一定要告诉父母，并拉黑对方。
- 不点击任何弹窗。
- 只添加在现实生活中认识的人为好友。
- 遇到可疑情况，立刻截屏并向父母求助。

第 5 章

斯坦福思考法 4
给孩子稳定的情绪内核

HOW TO DEVELOP
A STABLE MENTAL

第 5 章　斯坦福思考法 4　给孩子稳定的情绪内核

斯坦福教给中学生的智慧

本章我们要探讨构成思考力的第四个要素——稳定的情绪。思考是一种理性活动，似乎与情绪、感受等感性反应形成鲜明对比。但情绪的波动会干扰注意力，使人无法专注思考。感性反应也可能影响理性思考。

稳定的情绪状态可以让我们在面对学习和工作时，更加清醒高效。人的情绪与理智密不可分。稳定的情绪状态是思考力的基础，强大的思考力离不开稳定的情绪。

第 1 章中提到的"社会情感学习"更加明确地揭示了这一点。如前所述，**父母帮助孩子了解社交关系与原则，并学会掌控自己的情绪，有利于孩子的心理健康，还能提升孩子的学业表现**。"社会情感学习"是由"学术、社会情感学习联合会"（CASEL）在美国发起和推动的。该组织致力于用科学证据来支持"社会情感学习"，并普及相关知识，提升孩子的社交和情绪管理能力。该组织提出的"社会情感学习"框架基于以下 5 大核心能力：

- 自我觉知（Self-awareness）。拥有自信心，相信自己可以进步，具备成长型思维。能够准确把握自身的强项和弱项。
- 自我管理（Self-management）。正确应对压力，有效抑制冲动，为实现目标持续激发自驱力。
- 社会觉知（Social-awareness）。理解他人的成长背景与文化传统，与他人产生共鸣，照顾他人的需求。从彼此的差异中学习，并积累经验。
- 关系技能（Relationship-Skills）。与他人进行有效沟通和协作。抵抗负面压力，以积极的态度消除对立。向他人寻求合作和帮助，并积极帮助他人。
- 负责任的决策（Responsible decision-making）。不论是独立行动，还是与他人协作，都基于道德伦理和安全原则，做出有参考价值的判断。

这是该组织总结出的 5 大核心能力。斯坦福线上高中正在大力

第 5 章　斯坦福思考法 4　给孩子稳定的情绪内核

提倡"生存力"教育。我们的理念也正基于这 5 种能力的培养。

我们学校开办了线上小班讨论课，开设这门课的目的就包括帮助学生理解自我，理解他人，提升处理人际关系的能力。在讨论课上，学生们会参加辩论和集体讨论等活动。我们希望培养学生表达自己的观点的能力，以及理解自己与他人观点之间差异的能力。教师也要接受相关培训，以有效指导学生的人际沟通，来协助提升学生的社交能力。

我们学校还有很多丰富的资源。比如学生可以找老师进行咨询，在自我管理和决策方面获得帮助，以及接下来我们会看到的多种压力管理方法、情绪处理方法及正念训练项目等。

下面我将介绍社会情感学习方面的两个重要方法，即抽离法与正念练习。

抽离法是指从外部重新审视自己的情绪和感受，从而让我们的自我分析能力和自我管理能力得到提升。

正念练习能让我们与他人共情，为他人考虑，从而提升我们的沟通能力与社会责任感。这两种方法在心理治疗领域得到了广泛应用。我们将学习如何在日常生活中教导孩子运用它们。

与自己的内心拉开距离

我们可以在心里默默思考或与自己说话。这种"内心的声音"对我们有着重要的作用。比如，我们之所以能意识到自己的存在，可归功于"内心的声音"；再比如，学习时我们必须调动"内心的声音"唤起过往积累的知识点，或在大脑里用"内心的声音"进行分析和思考。

得益于"内心的声音"，我们可以积极地管理情绪，或为实现目标制订出有效的计划。"内心的声音"虽然功不可没，但它也有可能过于消极，偶尔带来负面影响。遭遇变故或挫折时，"内心的声音"会让我们的负面情绪和思绪在内心盘旋，导致伤痛加剧，继而陷入消极思考的恶性循环。

这样一来，我们就很难再通过有意义的思考去找到问题的解决方案。研究表明，**过于消极的"内心的声音"会导致患抑郁症、焦虑症和暴食症的风险升高。**有一个办法能帮助我们对抗消极的"内心的声音"，让我们避免陷入负面情绪和消极思考的旋涡而无法自

第 5 章　斯坦福思考法 4　给孩子稳定的情绪内核

拔。这个方法就是抽离法。

抽离法的本质是"与自己的内心拉开距离"。这是近期心理学研究的一个大热点。将自己的内心当作另外一个人来看待，从旁观者视角重新审视自己的感受和思绪。通过视角的转换，与自己的内心拉开距离，让自己从负面情绪和消极思考的旋涡里抽离出来，从而把自己带入有建设性的积极思考中去。

研究证明，抽离法有助于维持稳定的情绪内核，构建强大的内心，使人在压力状态下依然做出理性判断，而且还能改善我们的人际关系。当人们感到困惑或无助时，常把手放到心脏处，问问自己此刻心里的真实感受。当我们的内心陷入纷乱状态时，通过把手放到胸前我们就能意识到我们的心就在那里。这其实正是在让我们从当下内心的混乱和痛苦中抽离出来，以旁观者的视角，去审视自己的内心。

与情绪玩场时光穿梭

我们来看一看抽离法具体该如何运用。现在已经有不少适合大众的抽离法练习。这些练习的有效性在不同年龄和性别范围内均已得到证实。以下是从具有充分科学依据的练习方法中挑选出来的几种比较简单易行的方法，可以与孩子一起练习。

可以每周跟孩子练习一次，每次练习5～10分钟。首先让孩子回忆一下，本周有没有发生什么大事，特别是那些让他（她）感到难过的事。如果有，那么让他（她）仔细地回忆那件事的每个细节。花上几分钟时间，让他（她）把时间、地点、经过，以及当时自己的感受描述清楚。然后，父母可以从以下4个思路中任选一个，进行抽离法练习。选定思路后，请孩子配合，用"内心的声音"与自己默默沟通。

用自己的名字呼唤自己

让孩子在心里转变角色，抽离自己的身份，像呼唤他人一样用自己的名字默默呼唤自己，或者用"你"来称呼自己。稍等片刻后，父母可以问孩子刚才他（她）呼唤自己时语气如何、是怎么呼唤的、他（她）自己又有怎样的回应等。请按如下示例帮助孩子用"内心的声音"与自己对话："在心里叫一下自己的名字，然后表扬一下自己。""试着安慰一下自己，看看自己会有什么反应。"

第 5 章　斯坦福思考法 4　给孩子稳定的情绪内核

试想这件事发生在朋友身上

让孩子试想一下，假如这件糟糕的事情发生在好朋友的身上。父母可以说："××小朋友跟你很要好，对不对？假如这次是他遇到了这件事，你会有怎样的感受？"举例时，我们要选一个和孩子关系很亲密的朋友，这样更便于孩子代入情感。

当孩子代入朋友的角色后，问他（她）："这时，你会对自己说些什么？""你会给自己哪些建议？"让孩子学会像安慰朋友一样安慰自己。

这些对话结束后，父母可以再问孩子："如果有人对你说了刚才你对自己说过的那些话，你会有怎样的感受？"让他（她）练习将这些对话转化为他（她）自己的感受。

时空穿越

让孩子想象自己经历了一场时空穿越，此时已经是一个星期或一个月，甚至一年以后。让孩子想象那时的情景："我们周围的一切会有什么变化？""你会有怎样的感受？"再问问他，想对之前那个情绪低落的自己说点什么？

父母可以说："一个月以后就已经是暑假了。那时的你再回忆起昨天那件事情，会有怎样的感受？"也可以把时间点调回到过去："回想开学典礼那天，你有什么样的心情？那天的你面对现在这件事，又会有怎样的感受？"这个练习的要点是转换观察事件的时间点，让孩子从未来回望，或从过去展望现在的自己。这样做可以有效地帮助他们思考和应对当下的负面情绪和挑战。

找到身体的反应点

当孩子陷入负面情绪时，父母可以先帮助他（她）给当下的情绪下个定义。我们可以问他（她）："你现在是不是非常伤心？"或者"你很愤怒，对不对？"然后问孩子，能不能在自己的身体上找到一个对这种情绪有反应的部位："是不是感到胸部有点痛？"或者"感觉肚子里已拧作一团了，对吗？"引导孩子将情绪及其带来的身体反应联系起来。接下来，让孩子把手放到有反应的身体部位，做几次深呼吸。

让孩子给负面情绪贴上"标签"，并将其与身体的某个部位联系起来。如此一来，孩子就可以避免遭到负面情绪的吞噬，并从外部审视自己当下的感受。

第 5 章 斯坦福思考法 4 给孩子稳定的情绪内核

完成抽离法的练习后，孩子会体验到跳出自我，以他人的身份同自己对话的感觉。父母可以再问一问孩子，对这个过程的感受如何。还可以问一问孩子，有没有什么收获或发现。与练习之前相比，只要孩子的情绪有了些许好转，就证明这种练习有效。当然，孩子的情绪也可能毫无变化，甚至因为回顾某件不开心的事，而变得愈发失落难过。

如果这种练习起了反作用，那就换一种练习方法。或者直接就从本章后面会讲的正念练习开始。

循环利用负面情绪的方法

孩子通过练习抽离法，学会与负面坏情绪隔空对话后，就可以进入下一步的练习。现在，我们要学习把负面情绪回炉重造，让情绪实现逆势反弹。这一步的关键是"认知行为疗法"（CBT）。这是一种主流的心理疗法。

认知行为疗法的核心理念是我们马上会看到的"ABC 理论"。如果我们陷入负面情绪，那么一定存在诱发事件，即 A（Activating event），导致自己产生情绪和行为反应，即 C（Consequence）。但仅这两点，还撑不起整个过程来。A 和 C 的中间，必然还存在对诱发事件所持有的认知、信念，即 B（Belief），在起作用。

当我们处理情绪时，如果能从 ABC 三个环节入手，就一定能找到那把打开心结的钥匙。举个例子，一个人在工作上遇到挫折（A），于是变得消沉（C）。消沉这个结果是由一个认知带来的，即遭遇挫折证明自己能力太差，以后前途堪忧（B）。

此时，如果他能转变认知（B），告诉自己，遭遇挫折是一次学习的机会，可以为将来的成功打下基础，那么他就可以循环利用这种负面情绪，将其转变为积极的认识。

20 世纪 50 年代以来，已有大量研究证明，认知行为疗法在对抗抑郁症、厌食症等方面成效显著。认知行为疗法可以帮助我们积极处理负面情绪，从而获得自我肯定感。

一听到认知行为疗法或 CBT 这种术语，人们第一反应会觉得太过高深，遂望而却步。其实认知行为疗法完全可以融入孩子的日常习惯中去。我们来看一看具体的做法。

第 5 章　斯坦福思考法 4　给孩子稳定的情绪内核

适合孩子的简易版认知行为疗法——ABCDE 模型

- 回顾 A 和 C。让孩子把当时所发生的事情，以及自己的感受写在纸上。
  比如，A 为"期末考试没考好"，C 为"为自己的能力不足而感到苦恼"。
- 找到 B。帮孩子分析，是什么样的认知 B 让他（她）从 A 想到了 C。
  在这个期末考试的例子里，孩子很可能把一次考试的失败视为对自己能力的全面否定。
- 批判性地审视 B。意识到了 B 的存在，知道了它可能带来的负面影响，就要问问自己："这种负面认知真的有道理吗？""难道对 A 来说，我真的就只剩 B 这一种解读了吗？"这些问题让我们用批判的目光去审视 B，找到不同的解读角度。
  这个步骤是对 B 做出的反思和反驳，即 D (Dispute)。
- 重新审视整个过程：在对 B 进行了批判性审视之后，最后在此基础上，重新审视情绪发生了怎样的变化，也就是 ABCD 过程的"效果"，即 E (Effect)。

这样，我们便走完了 A（事件）、B（信念）、C（结果）、D（反驳）、E（效果）5个基本步骤。我们称这种重新审视情绪的方法为"ABCDE 模型"。这种方法能有效帮助孩子复盘并逆转负面情绪。"ABCDE 模型"是一种简单易行的认知行为疗法，易于融入孩子的日常习惯。只要陷入负面情绪，父母就可以鼓励孩子用 ABCDE 模型来重新审视自己。

从小开始练习正念

抽离练习可以让孩子与自己的内心拉开距离，学会与自己的内心对话。接下来，我们要了解正念练习。这是另一种能让孩子与自己的情绪和谐相处的方法，也是稳定情绪，进而提升孩子思考力的重要途径。

虽然对正念这一概念有多种定义，但其核心原理是：**集中当下的全部注意力，去关注并接纳脑海里的一切感受和思绪**。在正念练习的过程中，我们的大脑中可能会浮现出各种想法。但注意，我们不需要对这些想法进行任何处理，也不需要去评判它们的优劣好坏。摒弃所有复杂的思考，放松内心，接纳所有情绪，任由思绪自由流动。能实现这些效果的正念练习有冥想法、呼吸法等。

第 5 章　斯坦福思考法 4　给孩子稳定的情绪内核

正念练习可以给人的心理带来诸多有益的影响，获得了学界的广泛关注和持续研究。美国的媒体时常会报道那些知名企业家热衷正念练习的新闻，因而成为公众关注的热点。微软创始人比尔·盖茨、Twitter 前 CEO 杰克·多尔西都是著名的正念倡导者。谷歌和耐克也在公司内部推广正念练习，并作为在职培训的一项，积极引导员工参与。

研究表明，正念练习能给我们的心理和精神带来许多可见的益处。首先，**正念练习让我们更加灵活地对待周遭的变化，以及内心深处需要面对的挑战，让心态更加平稳，情绪管理也更加收放自如**。正念练习还有助于保持好情绪。同时，正念练习也让我们更容易感知到人生的意义和幸福感，大幅提升自我肯定感。

相应地，正念练习还可以改善或预防心理问题、精神疾病等。现在有很多广受关注的认知疗法和以压力疏解为目标的免疫疗法，都或多或少结合了一些正念练习的内容。正念练习的益处还不仅限于心理健康领域。正念练习甚至能提升大脑的思考效率，让人变得更聪明。

有研究发现，正念练习可以改善注意力，在那些需要细心处理的工作上提升人的工作表现。所以，**正念练习不仅有利于促进心理健康，还能提升智力，是一种帮助孩子提高思考力极好的习惯**。

正念练习不难，只需"叮"的一声就可以开始

父母要想帮孩子养成正念习惯，第一步可以从哪里入手呢？市面上有很多相关资源，但大多是指导成年人练习冥想或自我管控的。成年人只要按照指示一步步地练习，或许勉强可以掌握，但的确不是件容易的事。

对成年人来说都有难度的事，如果我们想让孩子做到，该如何给予他们支持呢？有这样的疑问，非常正常。但正念练习对孩子来说，其实是可以做到的。美国的许多学校已经在大力推广正念练习。

有些小学的低年级，甚至幼儿园都在对儿童进行正念训练。美国加利福尼亚州的非营利组织"正念学堂"（Mindful Schools），就致力于让正念进入校园，为学生们的心理健康贡献力量。该组织面向教师开展了大量正念培训项目，参加者已逾 6 万人。

正念学堂向教师们传授正念教学技巧，帮助教师们在课间带领学生进行正念练习。同时举办各种活动，普及正念知识。现在我们来了解一下，正念学堂给孩子们的正念练习建议。总结起来，有以下 5 点要领：

第 5 章　斯坦福思考法 4　给孩子稳定的情绪内核

- 明确正念练习的目的。前文已讲过正念的定义和效果，父母可以都告诉孩子，让他们明白正念练习的意义。
- 父母先做给孩子看。不能只让孩子进行正念练习，父母自己的实践非常重要。父母的亲身实践有良好的示范效果和说服力，且亲身实践也有助于我们给予孩子支持。
- 固定时间，形成习惯。我们要设定每天的正念练习时间，专时专用，让正念练习成为孩子每天日程表上的一个固定环节，如此才能自然养成习惯。
- 制造正念练习专属的氛围感。在开始正念练习之前，把周围环境收拾干净，调节灯光，制造一种特殊的氛围感。
- 分享彼此的感受。完成正念练习之后，父母可以跟孩子交换彼此的感受。

正念练习的形式多种多样，父母可以自由选择。刚开始时，我们可以选一种难度较低的形式和孩子一起练习。

父母也可以先独立尝试几种练习形式，从中挑出适合的，再开始亲子练习。

下面这种练习就非常简单易行，推荐大家试一试。

亲子版正念聆听

准备一个音叉或类似的发声工具，要能发出悠长的声响。按照以下步骤进行正念聆听和深呼吸，每天练习1～2分钟即可。

- 首先，设定开始的仪式。每次练习都以相同的话语开始，比如："好，我们的身体准备进入正念状态了。大家保持安静。坐好，闭上眼睛。"
- 接着，引导孩子集中注意力。父母可以说："把注意力都放在接下来的声响上。聚精会神地听，直到声音完全消失，请把手举起来。"
- 然后敲响铃铛或音叉。
- 等声音完全消失，孩子举手后，让他（她）做深呼吸。父母对孩子说："好，我们开始正念。请把你的手慢慢地放到腹部或胸前，认真感受自己的呼吸。"
- 为了让孩子把注意力集中到呼吸上，我们可以用低缓的声音进行引导："吸气——吐气——"，如此循环数次。

第 5 章　斯坦福思考法 4　给孩子稳定的情绪内核

- 完成上述步骤后，父母再次敲响铃铛或音叉，表示本次正念练习结束。

斯坦福慈悲冥想法

在适应了基础的正念练习之后，我强烈推荐大家去尝试进阶版正念练习，即"斯坦福慈悲冥想法"。在我工作的斯坦福大学里，有一个"慈悲与利他主义研究教育中心"（以下简称"慈悲研究中心"）。该中心旨在科学地研究慈悲心等利他心理，并进行相关的教学工作。

艾玛·塞佩莱（Emma Seppälä）博士是该中心的科学主任，我想推荐的就是由她设计的一套正念练习法。我在之前的拙作里也提到过这套方法，即"斯坦福慈悲冥想法"。这是一种基于佛教的"慈悲冥想"的冥想法，近年来，在日本非常流行。

包括"慈悲冥想"在内的各种正念练习法，历史已相当久远，只是之前多为练习者的个人习惯。不过近年来，有大量心理学和脑科学的研究表明，正念在促进心理健康方面，确实有着积极而显著的效果。正念既可以让人放松，又能提升抗压能力，还有诸多前文已介绍过的其他益处。研究表明，即使每天只练习 15 分钟左右，也能产生明显的效果。

"慈悲冥想"同样需要声音配合，而且练习一次恰好也是 15 分钟左右。我们可以每天抽出一点时间，与孩子一起放松大脑，在这种方法的辅助下，逐渐养成正念的习惯。"慈悲冥想"在各种正念练习法中效果出色，最适合用来提高我们对他人的共情能力。

前文介绍的积极倾听和换位思考也都需要强大的共情能力做支撑。我们应该让孩子养成正念的习惯，让他们有能力去理解他人的情绪，照顾和帮助他人。

利他者终能利己

养成利他的习惯，还能提高一个人的心理健康水平。这是为什么呢？前文讲过的"自我决定理论"能给出一个圆满的回答。

我们的内心深处存在着"3 大需求"：构建人际关系（联系感）、证明自身能力（成就感）、按照自己的意愿做出决策（自驱力）。自我决定理论告诉我们，当内心的 3 大需求得到满足后，我们就会

第 5 章　斯坦福思考法 4　给孩子稳定的情绪内核

感到充实快乐。我们对能够满足这 3 大需求的事，自然也抱有更大的兴趣和热情。出于善意为他人着想，并做出利他行为恰好能满足这 3 大心理需求。

当我们做出利他行为时，自然会在与对方产生的"联系感"中感受到相互间的联系。通过帮助他人解决问题，我们收获了"成就感"。最后，利他行为的本质就是自发地基于自己的善意，去帮助他人，而非被迫完成任务，所以自然能满足我们对"自驱力"的需求。

由此可知，**养成利他的心理习惯，能够从根本上满足我们的心理需求，让我们的内心变得更加沉稳和笃定。**

另外，为他人着想和善待他人的大脑机制本就是一种刻进我们基因里的本能。为了从残酷的自然淘汰中生存下来，我们的祖先练就了团结一致和相互体谅的能力。前文提到的塞佩莱博士说过一段话，我至今仍记忆犹新。她说：

> 脑科学和进化心理学已多次证明，利他是我们人类的精神本质，这是在人类的早期进化中，发展出来的一种优良品质。利他精神不仅有利于个人健康，还是我们这个物

种赖以生存的根基。10多年前,"利他研究"还只是个有意思的研究课题,如今却已成了学界的一大研究热点,并且改变我们对人类自身的看法。

衷心希望大家能坚持实践"斯坦福慈悲冥想法"等正念练习,养成习惯,激活利他思维,以获得稳定而强大的内心。

第 5 章　斯坦福思考法 4　给孩子稳定的情绪内核

当代育儿难题解答

孩子该为学习而放弃户外运动和社团活动吗

Q 我们已经知道，思考力和学习效率的提高离不开稳定的情绪内核。下面我们来了解一下，身体状态与学习又有着怎样的关系。从本质上讲，身体与学习的关系，其实就是运动与学习的关系。身体健康的重要性自不必说，人一定要坚持运动。但学习和工作的压力之大往往让人无暇坚持运动。孩子面对成绩和升学这两座大山，总是倾向于放弃社团活动和运动的时间。这样做对吗？

A 很多人认为以运动时间来补充学习时间，似乎是理所当然的。

但迄今为止，没有任何研究证明"学得久就能学得好"。学习的总时长和成绩之间的关系尚不明确。孩子能不能通过升学考试，与他们是否放弃社团活动没什么关系。即便让他们放弃社团活动，也不一定能提高他们在升学考试中的表现。

相反，有大量研究数据证明适量运动能改善人的注意力和记忆力，从而提升学习能力。比如，有氧运动可以刺激大脑中的海马和前额叶，扩展和强化神经元结构。所以，多做有氧运动有助于我们集中注意力，对提高数学思维能力和阅读能力非常有益。

运动除了对学习大有裨益外，还对心理健康至关重要。运动能改善抑郁症、焦虑症等精神疾病的病情，对改善成瘾和依赖症也有效果，还可以增强自信心和幸福感。运动还有助于强化目标意识和改善人际关系。因此，近年来，运动对心理的积极影响重新得到了医学界和脑科学界的关注。

遗憾的是，现在不仅低龄儿童存在运动时间不足的情况，中学生的运动时间更是在减少。日本的中学生们除去参加学校和社团的活动，以及其他学习活动所花费的时间，平均每天只能运动15分钟。孩子们为了确保升学，已经牺牲了不少培养特长参加社团活动以及进行体育运动的时间。我们必须确保孩子有充足的运动时间。

为孩子的身心健康和学习效果着想，父母在帮助他们养成运动习惯方面，需要注意以下几点：

- 相比偶尔锻炼，长期坚持锻炼更为重要。虽然偶尔锻

第 5 章　斯坦福思考法 4　给孩子稳定的情绪内核

炼也能带来一些效果，但最好坚持 3～6 个月的长期锻炼。与体重等身体健康变化相比，更应关注长期可持续的生活习惯。

- 有氧运动不可少。无氧运动当然也有效果，不过从学习和心理健康的角度来看，还是中等强度的有氧运动效果最好。快步走、休闲骑车，甚至在家里做个大扫除都是非常不错的选择。

- 每次运动时间控制在 30 分钟到 1 小时。运动的时长有讲究，长短要适宜。简单地说，运动后，孩子要能感受到成就感才算到位。若运动后过于疲劳就错了，不要忘了可持续性和长期主义。

- 每周总时长不低于 150 分钟。世界卫生组织指出，每个人每周应该进行至少 150 分钟的中等强度运动。我们把每次的运动时间控制在 30 分钟到 1 小时，每周运动 3～5 次就可以达标。

- 亲近大自然。可以让孩子去户外散步，通过这些户外活动让他们呼吸新鲜空气。如此一来，既能提高运动效果，还有助于放松身心。哪怕在短暂的课间休息时间里，去能看到绿色植物的地方走 5 分钟，也能产生显著的效果。

- 父母要做出表率。孩子能否坚持运动，最重要的影响因素之一就是父母对运动的态度。父母如果能保持运动积极性，孩子就更容易坚持下来。所以，父母要给孩做个榜样，将运动变成习惯。

父母可以参考上述几点，先让孩子回顾一下一周的运动情况，然后为下周的运动制订计划。我们要每周坚持运动，不急不躁，并且坚持每周都做好计划和回顾，逐渐养成适度运动的习惯。

第 **6** 章

斯坦福思考法 5
点燃创造力

TO BE
A CREATIVE CHILD

第 6 章　斯坦福思考法 5　点燃创造力

何为创造力

我们都有过这样的经历：经过一番冥思苦想，终于找到新颖且有用的想法。然后，思考如何将这个想法实现。显然，创造力和思考力是相辅相成的关系。创造性的想法引导新的思考，思考力为创造性的想法付诸实践提供动力。因此，创造力是构成思考力的第五个要素。那么，创造力到底是什么？

关于创造力的科学研究开始于 20 世纪初。到了 20 世纪中期，形成了现在的基础概念。根据这些研究，**创造力（创造性）包括两个难度，即新颖性和有用性。**

前所未有的、新出现的，抑或与现有思路完全不同的东西都有可能成为创造性的东西。但仅仅具有新颖性并不足以构成创造性。我在一个本子上信手涂鸦，即使这幅涂鸦和你我之前见到过的涂鸦有些不同，是新出现的，但这幅涂鸦并不一定具有创造性。要想让这幅涂鸦具有创造性，就必须让它能够引发人的思考，使人受到触动，并以某种形式"有用"。

创造力的大脑机制

当我们创造新事物和进行创造性思考时，大脑内部发生了什么？脑科学研究为我们揭示了大脑的运转机制。你或许听到过诸如"提升创造力的关键是锻炼右脑"或"我右脑太弱，所以创造力不太行"之类的说法。但最新的研究表明，创造力并非单纯依赖左脑和右脑中的某一侧。也不能说某一部分大脑负责创造力。**创造力是由大脑主体部分中3种复杂交织的网络共同作用产生的**（图6-1）。首先是中央执行网络。这种网络可以调取短期记忆，放进意识中，并处理其中的信息，以实现工作记忆的功能。当我们集中注意力，认真思考某个问题时，这部分大脑就会活跃起来。

其次是默认模式网络。如第4章所述，当我们精神不集中，处于放松状态时，我们就会遐想或发呆，此时，这种网络就会被激活。

第 6 章 斯坦福思考法 5 点燃创造力

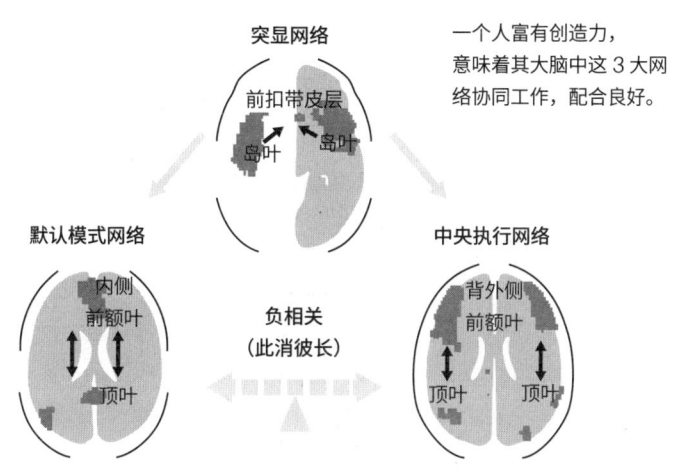

图 6-1 大脑中负责产生创造力的 3 大网络

最后是突显网络。这种网络起到调节前两个网络的功能，可以让我们在发呆和专注两种状态之间来回切换。

通常情况下，放飞思绪和集中注意力是两种截然相反的状态，所以当默认模式网络被激活时，中央执行网络就处于休眠状态。

反之，当中央执行网络被激活时，注意力也一定高度集中，默认模式网络就处于休眠状态。但是，在富有创造力的音乐家、诗人、画家这类人的大脑中，这 3 种网络模式可以很好地协同工作。

通过默认模式网络自由地产生各种想法,然后通过中央执行网络进行处理和打磨,再通过突显网络巧妙的切换而实现。

以上就是目前从脑科学角度,对创造力的大脑机制得出的认识。

创造力主要源自遗传吗

我们已经看到了创造力背后的大脑机制,现在的问题是:遗传因素对创造力的影响有多大?有研究调查了同卵双胞胎的职业,发现如果其中一人从事的是创造性工作,那么另一人也从事创造性工作的概率高达70%。

同样,关于自己是否具有创造力的自我认知,受遗传影响的概率也高达62%。乍一看,这些数据似乎已证明了遗传因素对创造力有着巨大影响。但我们需要重新审视这些数据,然后仔细地进行分析。问题就出在数据的可靠性上。这些数据都基于调查参与者"对自身创造力的主观认识"。

自己如何评估自己,当然是一种主观认识。而且这种主观认识还会进一步影响一个人的职业选择。对于双胞胎来说,他们从小生活的环境、接触的人都非常类似，完全有可能受外界客观因素的影响，从而形成了类似的自我认知。

我们再看一看上面 70% 和 62% 这两个数据。它们更有可能证明双胞胎从小的生活环境有多类似，而非遗传因素对一个人创造力有多么大的影响。

实际上，有研究显示，从认知角度进行创造力评估测试就会发现，遗传对创造力的影响降到了 26%。要注意，26% 这个数据也不一定符合实情。测试中，创造力的衡量标准非常重要。标准不同，结果就会不同。看一个人到底有没有创造力，与其看他（她）的自我认知，不如看他（她）的实际表现。比如，成为一名出色的艺术家或作家，更能体现一个人的创造力。

因此，创造力在多大程度上受遗传影响，还有待进一步研究。但毋庸置疑的一点是，**至少有 30%～40% 的创造力与遗传因素无关**。所以，**创造力可以通过后天努力来提高**。接下来，我们看一看已有的研究成果，找到提升创造力的正确方法。

放空大脑

还记得默认模式网络对提升创造力的重要性吗？这个网络不是用来拼命工作或学习的。只有当我们彻底放松时，它才会被激活。当你任由大脑随意地想东想西时，就会激活这个网络。这种漫无目的、没有压力的遐想，即我们常说的"放空大脑"，可以提升创造力。

有时候，你逼迫大脑疯狂运转，恨不得榨干每个脑细胞的能量，却始终没有任何灵感。然而，当你决定把眼下麻烦事暂时放在一边，先泡个澡"换一换脑子"时，反而能灵光乍现，找到突破口。相信我们多少都有过这种体验。所以我们不要把自己或孩子逼得太狠，要时不时去"换一换脑子"，放空一下大脑。

当然，既然要放空，就要放空到位。在休息时段，通过玩手机和上网来放空大脑固然不错，但稍不留神就会让注意力集中到设备或内容上。所以，能够不把注意力集中于外界刺激，拥有一段略显无聊、可以放空大脑的时间是非常重要的。

父母可以跟孩子聊一聊放空大脑的重要性。让孩子在休息时，

第6章 斯坦福思考法5 点燃创造力

也能有意识地去发会儿呆，沉浸在自己的遐想中。放空大脑不仅能提高创造力，对思考力的其他方面也有促进作用，比如好奇心。放空大脑就等于突破了既有思维框架的束缚，自由地思考，可以将心灵引向更新颖的想法。

另外，放空大脑能稳定情绪，促进心理健康。通过放空大脑，我们可以暂停专注思考，以避免大脑"过热"。如此一来，我们才不会被压力击垮。如果我们为了锻炼思考力，使大脑"过热"，或只锻炼专注力，对于提升创造力只会适得其反。**为了平衡地使用大脑，需要通过放空来激活默认模式网络。**

"玩过家家"是提升孩子创造力的捷径

我再推荐一个在日常生活中帮孩子提升创造力的好方法：玩过家家。孩子可以假装自己是厨师、医生、警察、花店老板，以及动漫或游戏中的角色等。过家家的玩法多种多样。只要孩子到了一定年龄，通常都会喜欢。

不难理解，这种角色扮演游戏为孩子提供了一个开发他们创造力的绝佳机会。比如，孩子在玩过家家时要假想出眼前并不存在的东西，也就意味着要为这个场景想出新颖且有用的事物，这刚好符合对创造性事物的定义。孩子在玩过家家时要扮演一个不同于自己的角色，还要跟别人互动。在这个过程中，他们必须随机应变，处理好新的人际关系，尽量把自己的角色演得逼真。这种沟通鲜活而灵动，也是提升创造力的好机会。

脑科学研究也证实了玩过家家和创造力之间存在正相关。玩耍时，孩子需要假装自己是另一个人，从新的视角去看待身边的人与物。这刚好运用到了第4章讲过的换位思考。换位思考又与默认模式网络息息相关。

所以，**玩过家家可以自然而然地激活默认模式网络**。通过练习换位思考，孩子的心理网络也会被激活，使他们对别人和自己的情绪感知变得更加细腻敏感。玩过家家还有利于提升孩子的社交能力和情绪控制能力。

在考虑让孩子玩哪些游戏时，我们要意识到平衡的重要性。

对提升思考力来说，玩益智玩具或知识游戏等固然有作用，但如果我们只偏向这些看似理性的、能提高智力的项目，就失去了平衡性，不仅难以开发他们的创造力，也难以全面提升他们的思考力。所以父母们不要小看玩过家家的作用,像这种符合儿童年龄特点和发育需求的游戏,在他们的成长路上是不可或缺的。

随着孩子年龄的增长,终有一天,他们会对玩过家家失去兴趣。到时我们可以鼓励他们去参加别的角色扮演活动,或者学习戏剧表演等。这样就能持续支持他们练习第 4 章讲到的换位思考了。在提升孩子的创造力方面,切勿揠苗助长,而要采用与孩子年龄相符的方式,来激发他们的"创意脑"。

挫折是创造力之母

艺术家、音乐家、作家等富有创造力的人都有一个共同点,即经常会陷入逆境。比如,他们中有不少人在幼年时失去父亲或母亲。有数据显示,作家中有这样经历的人约占 55%。幼年丧亲与创造力之间存在强关联性,这一点得到了大量的科学研究的证实。学界甚至还有一个描述这种关系的术语,叫作"孤儿期效应"(orphanhood effect)。

对创造力要求高的行业,其从业者患抑郁症的概率也比其他行业高。除了心理上的困扰,生理上的疾病、伤残等也在这些人群中显示出了类似的倾向。

人生难免大悲与大落。有时我们会无奈地看到,周围的世界在与自己的期待背道而驰。我们可能会陷入进退维谷的境地。但这些逆境为什么能提高人的创造力呢?关于这个问题存在几种假设。

例如,一种假设认为,一个人遭遇挫折,不可能一直沉浸在痛苦、消沉的状态中。我们会尝试重新认识自己的处境,这自然能激发强大的创造力。

另一种假设认为,既然现在身处逆境,那么就意味着我们以往的某些价值观或认知被打破。为了形成新的价值观和世界观,以摆脱困境,创造力自然也就能得到充分发挥。

在这些假设中,**有一个事实是毋庸置疑的,即逆境能让人的创造力上一个新台阶。**

人生充满挑战,各种不快与不顺,艰辛与磨难,总在前方等着我们。但战胜它们就是成就我们自己,让自己变得更加强大。我们要让孩子理解挫折与创造力的关系。孩子明白这个道理后,再陷入困境中时,他们就能在绝望中找到光和力量。告诉孩子这些与创造

第6章 斯坦福思考法5 点燃创造力

力相关的原理，教他（她）把握逆境的意义，让他（她）有意识地化挑战为成长。

职场人士的创造力提升绝招

有一个办法能切实提升创造力，且在日常生活中也很容易实践，那就是第 5 章讲过的正念练习。正念练习对创造力的积极影响已受到学界多年的关注，相关研究在持续进行。有报告显示，10 分钟的冥想练习就可以让创造力提高 22%。

现在，正念练习已走出校园，来到了企业，融入许多在职培训项目中。我生活在美国加利福尼亚州北部的湾区，这里有很多公司都在向员工开设正念或冥想课程。谷歌公司就向员工开设了一门正念培训课程，名为"探索你的内心"（Search Inside Yourself），一时引起热议。

正念练习要求人们把注意力放在此刻的想法和感受上，坦诚且宽容地接纳它们。当自己注意到任何变化，或脑海中浮现出任何疑问时，不要用过往的经验去处理这些感知。接着，你就会自然而然地看到一些之前没看到的闪光点，从而抓住新的思路和突破口。但凡事要掌握好平衡才行。练习正念，若练到只会敞开胸怀，其他思考一概不顾，也不可取。

徒有开阔的胸怀，而头脑只会不假思索地接纳，又如何产生新观点？所以，在正念练习的基础上，我建议再加上一些放空大脑的时间。这样既能让我们审视自身，又能放飞思绪，从而激发创造力。像这样双向发展，才能实现最好和最全面的效果。

前文已提到，创造力需要大脑多个部分的配合，必须充分调动各个网络，让它们均衡运转，相互协作。因此，对于孩子，我们要用好前文介绍过的各种方法，比如放空大脑、玩过家家和其他角色扮演游戏、正念……不偏重其中任何一个，让这些方法都发挥出应有的作用，以促进孩子的创造力平衡而全面的发展。

我的孩子是否富有创造力

我们已经了解了如何帮助孩子提升创造力，在迈出练习的第一步之前，你应该很想知道自己孩子的创造力在什么水平上。你可以去一些专业的机构进行测试。但毕竟费钱又花时间，并无必要。有没有什么简单的测试，在家就能做呢？

第 6 章　斯坦福思考法 5　点燃创造力

我这里就有一个基于迄今为止的创造力研究的测试，可以拿来测一测你的孩子是不是富有创造力。明尼苏达大学的保罗·托兰斯（Paul Torrance）教授是当代创造力研究领域的先驱之一。他发现，富有创造力的孩子具备以下行为表现：

- 喜欢深入思考
- 不因犯错而气馁
- 热爱自己的任务
- 做事有明确的目标
- 享受完成任务的过程
- 不惧孤独
- 与周围的人不一样
- 非全能型"选手"
- 有使命感
- 敢于用全新的视角和思路去思考问题

托兰斯教授认为，**孩子若满足上述特征，则说明他（她）将来更容易胜任创造性工作，并拥有能够激发人生价值和热情的终生志业。**父母们可以对照这 10 个标准，看一看自己的孩子处在什么水平，并参考测试结果，为今后的家庭教育做出规划。此外，托兰斯教授通过《儿童宣言》(Manifesto for Children) 向孩子们提出了 8

点建议，以帮助孩子们最大限度地提升创造力。建议如下：

- 不要害怕迷上什么或全力追求什么。
- 找到自己最大的优势，去理解它，为它骄傲，训练它，提升它，使用它，享受它。
- 学会摆脱他人无谓的期待，告别那些他人强加给你的规则和游戏。
- 按自己制定的游戏规则玩。
- 找到可以引导和帮助自己的人，比如老师、导师等。
- 不要追逐成为全能型，否则一定会为此浪费精力。
- 做自己喜欢且擅长的事。
- 掌握与他人协作的技巧。

请把这些建议转告给孩子，支持他们将之付诸实践，从而使他们的创造力更上一层楼。

第 6 章　斯坦福思考法 5　点燃创造力

> 当代育儿难题解答

梦想必须现在就得有吗

Q "××小朋友的梦想是什么呀？"

小朋友的梦想总能让大人的脸上泛出微笑。不论孩子怎么回答，大人都觉得既温暖又治愈。但随着时光流逝，"治愈感"会渐渐褪去，取而代之的是失落与焦虑。大人开始抱怨孩子："你在胡思乱想什么？就不能好好想一想，自己将来到底想干什么，应该怎么规划吗？"

A 只有确定了目标，人才能一步一个脚印地向前走。

孩子一定要找到正确的目标，确定自己将来的理想职业，或者想追求的目标。

这事可不能拖，在学校里就得解决。

孩子不能漫无目的，什么都试，却找不出真正的目标。

很多人信奉这类"目标至上论"。遗憾的是，即使一个人能早早确定目标，并为此设定好人生计划，他（她）也不一定能过好这一生。

我不否认世界上确实有人在"目标至上论"的指引下，找到了一生挚爱的事业，并为之奋斗，最终抵达了成功的彼岸。但媒体也报道过另一种人生。有些人坚信目标至上，过早地确定了一生的目标，然后苦苦追寻，屡败屡战，以至于最终一事无成。

与此相对的还有一些人。他们在起步时似乎表现得稀里糊涂，反正先把手上的机会把握住，把眼下的工作做好即可。但做着做着就渐入佳境了，找到了一生挚爱的事业。认真想想看，人生目标是会随着每个阶段的人生体验和知识水平而变化的。有些职业甚至是现在的你连听都没听过的，你又怎么可能把它们当作未来的目标呢？

现在的孩子就算确定了一个所谓的人生目标，并愿意为之矢志

第 6 章　斯坦福思考法 5　点燃创造力

不渝地奋斗,也难保将来随着他们拥有更丰富的阅历和认识,而打开眼界,转变思路,到那时现在定好的目标也就无关紧要了,他们一定还会有新的目标。这种变化发生的概率极大,我们要做的是拥抱变化,让变化来指导我们对未来的理解与规划。

再说,待孩子到了参加工作的年纪,那时社会所需要的人才,一定与现在差别巨大。相信届时将有大量职业由人工智能来接手,当下的许多工作将不复存在。但随着行业需求的演变与升级,一定还会有新的职业诞生。

虽然现在的孩子都在为未来做准备,但他们为之准备的职业很可能还未诞生。在为将来做准备时,孩子不能只考虑自己已有的体验或知识,也要考虑世界和周围环境的多变性,大胆迎接变化。

人可以先找到人生目标,然后为之奋斗,我们称这种模式为"先发型人生"。人也可以边体验边探索,逐渐找到人生目标,我们称之为"后发型人生"。这两种人生都可以让人找到人生的意义,并收获幸福。不论经历先发型人生还是后发型人生,都没有关系。我们并不需要刻意做出选择。

如果孩子已经确定了人生目标,我们当然要坚定不移地支持他们，并给予帮助。在这个过程中，他们的情绪和想法可能会发生改变。作为父母，我们要放宽心，用开阔的胸怀接纳他们的改变，并持续支持他们寻找新的方向。

如果孩子现在还确定不了人生目标，我们切不可催促他们。即使他们不知道自己想要的是什么，父母也不可批评他们。父母只需鼓励他们把现在喜欢做的事情，或做得还不错的事情继续做好即可。同时给他们创造一个良好的家庭氛围和环境，激励他们去找到自己的热情所在。

孩子除了要关注理想或目标本身以外，也应该关注它们的社会意义和影响。他们梦寐以求的工作能为他人创造什么价值？对社会将有怎样的意义及贡献？世间职业万千种，每一种都必然有其对他人和社会的意义。我们要让孩子明白这一点，从而激发他们的自驱力，稳步向前。

第 7 章

斯坦福思考法 6
从 4 岁开始培养
哲学思维

THE PHILOSOPHICAL THINKING
LESSON FROM 4 YEARS OLD

第 7 章　斯坦福思考法 6　从 4 岁开始培养哲学思维

哲学思维究竟是什么

我们终于来到了本书的最终章，将了解构成思考力的第六个，也是最后一个要素，即哲学思维。作为思考力终极的要素，**哲学思维是指对我们头脑中那些理所当然的常识，以及自身思考的前提框架进行批判性地审视，并探寻新的价值观和世界观。**

很多观念或道理长期盘踞在我们的头脑中，获得了大脑极度的信任和依赖。经年累月，它们渐渐在我们眼中变得像世间真理或人生法则一样理所当然，以至于我们忘了好好审视一下它们是否可靠。现在，我们需要问一句"为什么"，如此才能跳出以往的思维习惯，通过对各种"天经地义""理所当然"的认知进行反思与重塑，从而形成新的观点和价值观，这就是哲学思维。

我们来看一看这个观点：偷别人东西是不对的。这是理所当然的。但我们要问："为什么这是理所当然的？"你会说是因为法律规定，偷东西是违法的。但我们还要问，法律为什么要这么规定？

于是你想到，如果我们可以随意偷东西，那么法律规定的财产"所有权"就没有意义了。继续想想看，法律要保护财产所有权，就必须剥夺我们的"偷盗权"吗？如此思考下去，一次次地深挖和质疑自己头脑中深以为然的常识，就能渐渐逼近问题的核心。

如此一来，我们对事物的理解才会逐渐深入，才有机会碰撞出新的思维火花，或对世界形成新的认识。那么，该如何培养哲学思维？仅仅通过阅读一堆哲学书籍，或者四处与人辩论，并不是有效的方法。要想培养孩子的哲学思维，父母首先要掌握哲学思维的主要技能，然后在此基础上，与孩子一起进行主动而系统的训练。这才是培养哲学思维的最佳途径。

哲学思维的主要技能有哪些？我们应该如何帮助孩子掌握这些技能？这就是本书最后一章所要回答的问题。

第 7 章　斯坦福思考法 6　从 4 岁开始培养哲学思维

孩子学习哲学的诸多益处

在回答上述两个核心问题前，我想先谈一谈，孩子能否进行哲学思考？在很多人眼里，哲学令人望而生畏。虽然本章开头部分的解释会让人觉得似乎有些道理，但具体到如何教给孩子却很难形成清晰的概念。既然哲学思维如此重要，为什么学校没教？是不是因为太难而没法教？

确实，不论日本还是美国，在中小学的教学内容里，涉及哲学的部分屈指可数。偶尔涉及，也不过是笼统地介绍一下哲学大家们的名字或成就，很少有课程深入讨论哲学的本质。另外，20 世纪中叶的部分研究所得出的结论，支持了"儿童学不了哲学""哲学对于儿童过于艰深"等观点。比如发展心理学的权威、瑞士心理学家让·皮亚杰（Jean Piaget）曾得出过结论，即 11～12 岁的孩子无法进行哲学思考，这是由儿童的认知发展水平所决定的。

但近期的研究已推翻了这些观点。**哲学思维可以从学龄前开始培养，越早开始就能越早让孩子实现思维的跃迁。**许多国际组织正在推广面向儿童的哲学训练，并在欧洲、北美洲、南美洲、澳大利亚以及新西兰等地开展了广泛的行动。跟随这股国际潮流，我也在自己任校长的斯坦福线上高中将哲学定为所有年级学生的必修课。即便孩子能够进行哲学思考，那么这样做有什么好处呢？

首先，通过学习哲学，进行深度思考，可以提高孩子的逻辑思维能力和推理能力。其次，通过学习哲学，阅读和记录复杂的思想，可以提高孩子的阅读和写作能力。再次，通过讨论，孩子能够理解他人的观点，并表达自己的观点，可以提高他们的沟通能力。

另外，有研究证明，通过训练孩子的哲学思维，可以提升孩子的智力水平。好处还不仅限于上述几条。学习哲学除了能利"脑"，还能利"心"。比如，哲学思维训练能够显著提高孩子的自我肯定意识，并让孩子形成稳定的情绪内核。

哲学思考是一种积极主动的大脑活动，能满足3大心理需求中对"自驱力"的需求。通过哲学思考孩子能与他人产生思想上的碰撞，建立新的人际关系，能满足对"联系感"的需求。哲学思考的成果都是由自发思索而来，自然能满足对"成就感"的需求。换言之，哲学思考在人的精神层面上有着神奇的效果。

第 7 章　斯坦福思考法 6　从 4 岁开始培养哲学思维

为什么哲学思维在当下尤为重要

前文讲到了哲学思考对头脑和心灵的诸多益处。我们即使抛开这些因素不谈，只从当下的社会需求出发，也能发现哲学思维对一个人的成长至关重要。**在瞬息万变的现代社会，我们需要具备"改变游戏规则"的能力，跳出原有的思维框架，理解并发现新的世界观和价值观。**

孩子们从小学一路读到初中、高中，在各个学科的课堂上积累了大量知识。这些知识都有自己赖以成立的假设系统和前提条件。孩子在学习的过程中，无意间便对这些假设、前提以及世界观等全盘接受，并深信不疑。

当然，这是学习知识的正常机制。但随着学习时间的增长，积累的知识会越来越多，大脑中所认定的假设、前提以及世界观也变得越来越根深蒂固。于是孩子会愈发坚信这些知识，使自己的思维受到束缚，让大脑愈发难以探索新的可能性和发掘新的灵感。

但时代不等人，新的社会结构、社会常识如雨后春笋般涌现。人必须学会拥抱变化，适应瞬息万变的社会环境与思考方向，并从中汲取灵感，与自己的知识和经验巧妙结合，创造出属于自己的新游戏规则和新看法。

因此，孩子在学习的过程中，虽然要理解一定的世界观和价值观，但也需要通过哲学思维培养出灵活应对新环境的能力，而不是被既有观念束缚住。

在既定的框架内或在现有的游戏中表现出色的能力固然重要，然而，在这个不可预测且快速变化的社会中，"生存能力"的关键，不仅在于适应游戏规则，还在于成为能够创造新游戏的"游戏改变者"。

哲学思维教练入门须知

在日常生活中，父母要如何帮助孩子训练哲学思维呢？第一步是先转变我们自己的思维。前文多次指出，榜样的力量是强大的。父母自己要先实践哲学思维，把对哲学思维的重视展示给孩子看。这能让孩子在哲学思维训练中进步更快，获得更好的效果。

第 7 章 斯坦福思考法 6 从 4 岁开始培养哲学思维

父母做示范之好榜样篇

- 时常对孩子说:"这是怎么回事?咱们来研究一下。"生活中,当我们遇到问题或产生疑问时,要跟孩子分享此刻的困惑。同时让他(她)知道,父母会努力找出答案,或开动脑筋解决疑惑。这个过程也可以跟孩子合作完成,大家一起讨论方案,在试错中学习。

- 寻找问题背后的原因:"那它为什么会是这样呢?"我们要给孩子解释清楚,每个意见和结论为何能成立。如果我们自己也不明白其中缘由,那就要探究到底,彻底弄明白。任何现象背后,一定有其依据、原理和背景。父母要抽丝剥茧,找到那个决定性因素,让孩子看到我们的探究精神。

- 接纳不同意见,鼓励孩子提出自己的观点:"我明白你的意思了,这种想法也是个思路。"就算孩子的想法幼稚甚至荒谬,我们也不要断然否定,而要让孩子知道,父母很尊重他(她)的意见,在认真理解他(她)的意思。同时,我们要鼓励孩子提出问题,并让他(她)试着去分析答案可能是什么。

以上 3 点就是一个好榜样父母应该做到的。但以下 3 点，我们就要尽量避免，否则一定会给孩子泼上一盆凉水。

父母做示范之坏榜样篇

- 非黑即白。我们要避免陷入非黑即白、非 0 即 1 的二元论思维。这个世界如此复杂。即使看起来非黑即白，也一定存在大量模棱两可或视情况而定的灰色地带。
- 强迫式说教。父母不要将自己坚信的原则和常识强加给孩子。我们不可以不做任何讨论和解释，就逼孩子接受我们的观点。当父母希望孩子学习一些新东西时，一定要先有理有据地把道理给孩子讲明白。罔顾道理，不讲逻辑，只凭父母的权威去迫使孩子接受，是极其错误的做法。
- 不懂装懂。不要假装自己什么都懂。有些时候，我们误以为自己懂某些事，但其实自己只是一知半解。此时父母应该大方承认，不妨让孩子知道，你很高兴有这个机会和他（她）一起去寻找答案。

第 7 章　斯坦福思考法 6　从 4 岁开始培养哲学思维

受到 46 位顶尖学者推崇的哲学思维技能

我们现在已经做好了认知上的准备，并且了解了帮助孩子训练哲学思维的基础准则。接下来，让我们看一看具体都有哪些重要的哲学思维技能。如前所述，明确地教孩子必要的思维技能，是哲学思维训练的捷径。但说起来容易，做起来难。哲学思维要求我们批判性地审视以往积累起来的看似理所当然的常识或自己思考的前提框架，以探索新的世界观和价值观。这样晦涩深奥的思维能力，该如何培养呢？这确实让人感到茫然无措。不过，来自教育学、心理学和哲学等领域的 46 位世界级权威，对这个问题发起了攻关。

20 世纪末，他们聚集在一起，对这个问题进行了深入的讨论。通过这次讨论，大家一致认为以下 6 项思维技能最为重要。

- 解释能力：在难解的事物中发现意义，澄清模糊的内容，对复杂的事物进行分类整理，以提高整体明晰度的能力。
- 分析能力：找出观点的逻辑结构，并细致分析的能力。
- 评估能力：判断观点或主张的合理性和可靠性的

能力。
- 推理能力：寻找依据或证据，同时考虑其他假设的可能性，从而得出结论的能力。
- 说明能力：提出观点后，明确得出该观点的理由和路径的能力。
- 自我校准能力：审视自己的观点或论点，承认并纠正错误的能力。

为什么说这 6 项技能对哲学思维很重要？哲学思维要求一个人批判性地审视那些看似理所当然的常识和自己思考的前提框架，探索新的价值观和世界观。为了做到这一点，首先要准确把握头脑中既有的认知，即**解释**和**分析**自己已经掌握的知识。

在此基础上，我们需要去审视这些知识赖以成立的理由、背景，即对知识的合理性进行**评估**。另外，我们要考虑其他的可能性，看一看还有没有其他的理由和背景，且是否能引出不同的结论，即进行**推理**。然后，要做的是**自我校准**，边回顾边探索新的价值观与世界观，还必须能够清晰地阐述这些新观点，即进行**说明**。

所以，一个人若想提升自己的哲学思考能力，就要精心打磨以上 6 项技能。

第 7 章　斯坦福思考法 6　从 4 岁开始培养哲学思维

从 4 岁开始训练

本小节将具体介绍哲学思维的训练方法。我们先来看针对低龄儿童的版本，最小从 4 岁就可以开始训练。注意，有些孩子可能 3 岁就可以开始训练，而有些 4 岁以上的孩子也可能在训练刚开始时会比较吃力。

父母不必纠结于孩子的年龄，放松心态，做好前文里讲过的思想准备，扮演好我们自己的角色即可。我们可以每周训练一次，每次 5 分钟，创造机会跟孩子进行下面的对话，锻炼他的哲学思维。不要给孩子压力，可以将这种训练视为游戏的延伸，在轻松的氛围中进行。

每周如果能多训练几次，效果会更好。

枚举训练

"生活中有哪些东西是红色的，且是长方形的？"

- 将"红色""长方形"等概念组合起来，让孩子思考生活中什么样的事物同时具备这些常见的特征。答案可能是明信片等。
- 孩子举出一个例子后，父母可以引导他（她）继续思考，找到更多答案。
- 对一个问题已经穷尽了他（她）能想到的所有答案后，父母就可以换个问题："好，接下来想一想，哪些动物体型大且移动速度快？"
- 孩子的反应变快后，我们可以加大难度，将关联性不大的概念组合起来提问："什么东西很吵且是圆形的？"也可以多加几个概念，进一步提升难度："什么东西圆圆的、红红的，还很好吃？"

训练目的：孩子要准确理解问题里的几个概念。这个过程可以锻炼他们的解释能力和分析能力等。同时，孩子还需要考察多个备选答案，逐个判断它们的正确性。这个过程有助于激活他们的评估能力和推理能力。

找共同点训练

"苹果和哈密瓜有哪些共同点？"

第 7 章　斯坦福思考法 6　从 4 岁开始培养哲学思维

- 这个游戏的规则是，从两种不同的事物中找到共同点。
- 我们先让孩子尽量去寻找答案。
- 孩子已经穷尽他（她）能想到的所有答案后，大人可以提供更多思路："这两种水果都挺甜的吧？""是不是都很大呢？"关键是让孩子来分析，这些说法是否正确。
- 孩子的反应速度变快后，我们可以用那些乍一看不相干的事物来提问，例如，"自行车和面包有什么共同点？"
- 有些答案不见得绝对正确，比如孩子可能会说："苹果和哈密瓜都是绿色的。"此时父母可以问孩子答案的依据是什么。

训练目的： 要让孩子捕捉到两种事物之间的共同点。这个过程可以锻炼他们的解释能力和分析能力。回答的过程也是训练说明能力的好机会。

随机小问答

"故事为什么会发展成这样呢？"

- 跟孩子一起阅读或聊天时，我们可以就故事的情节或事件的发展来提问。比如讲桃太郎的故事时，我们可以问孩子："雏鸡为什么愿意加入桃太郎的队伍？"
- 提问范围不限于当下的内容，父母也可针对以往给孩子讲过的故事或发生过的事件提问。
- 刚开始训练时，问题不要太过深奥，最好都有明确的答案。
- 孩子有了一定积累之后，父母可以提高难度。问题可以是开放性的，答案并不唯一。还是以桃太郎为例，父母可以问："为什么故事中的恶鬼要欺负乡亲们呢？"我们可以陪孩子一起探讨各种可能性，告诉孩子，有些问题的答案可能多种多样。

训练目的：孩子要为问题找到备选答案，逐一判断其正确性。这个过程可以锻炼他们的评估能力。开放性问题还能锻炼他们的推理能力。阐述回答的过程自然也在锻炼他们的说明能力。

父母可在以上的训练方法中选出一种或多种，与孩子一起玩。玩的过程中可自由改变形式，增减问题数量，以找到让孩子最适应的训练方式。一旦找到，就坚持下去，练得越多越好。

第 7 章　斯坦福思考法 6　从 4 岁开始培养哲学思维

我们要注意的是，这些训练的目的并不是为了能让孩子顺利、快速和有节奏地完成，而是为了帮孩子创造一个舞台，让他们有机会去探索和表达哲学思维。就算孩子的回答磕磕绊绊、啰里啰唆，甚至花了很长时间都给不出个答案来，也没关系。只要孩子进行了思考和表达，训练就一定有效果。父母作为提问人，一开始可能也找不到节奏和方向，但只要坚持下去，就一定能找到。大可放下担忧与急躁情绪，轻松愉快地享受游戏过程。

小学生有升级版的练法

上一节里的训练方法也适用于小学阶段的孩子。当孩子完全掌握，甚至感到厌倦后，他们就可以尝试升级版的练法了。不管采用哪种练法，核心思路都是相通的。依然是每周一次，每次 5 分钟，找个机会跟孩子聊聊以下话题：

寻找规则和工具背后的目的

"我们为什么需要红绿灯？"

- 父母提示一种规则，如，"红灯停，绿灯行"；或一件工具，如烹饪用的长柄筷子。让孩子思考，为什么我们会有这项规则，或这种工具为什么会要设计成它现在的样子。孩子需要找到答案，并讲给父母听。
- 开始时，我们要选择身边的日常物品，最好是孩子能亲眼观察的，或亲手触摸的。然后再就抽象的规则进行提问，但必须是孩子常能体验到的。一些简单的法律条文或社会规范都是不错的选择，如，"为什么我们不能偷东西？"
- 为了让孩子更深入地理解问题，我们可以让他们做反向分析。思考如果没了这个规则或工具，人们可能面临什么样的后果。
- 如果孩子水平允许的话，我们也可以对他们的观点提出反对意见，或提示其他的可能性。让他们比较这些方案的优劣，从而进一步拓展思维。

训练目的：孩子要为一个论点找到依据，阐述其理由。这个过程可以锻炼他们的推理能力和分析能力等。面对反对意见，他们需要反思原本的答案，进行比较和修正，这有助于他们形成自我校准能力。

第 7 章　斯坦福思考法 6　从 4 岁开始培养哲学思维

为判断找到依据和证据

"今晚咱们要吃咖喱饭，你是怎么发现的？"

- 父母提示一种预判，可以是一件有可能会发生的事。让孩子为这个预判寻找依据，如："冰箱里放着胡萝卜和土豆。"
- 孩子找到的依据可能说服力有限，那么父母要告诉孩子，这个依据不足以指向刚才的预判，如："有胡萝卜和土豆也不是非做咖喱饭不可，也可能用来炖肉啊！"这样可以让孩子对自己的依据进行更加深入的考察。
- 这个练习不限于找依据，也可以找"元凶"或"英雄"，以及"这件事情有可能是谁做的呢"游戏里多些侦探推理的元素，会更有趣味性。

训练目的： 这个练习可以提高孩子的推理能力、说明能力以及评估能力（他们需要评估依据的可靠性）。面对父母的质疑时，他们还需要修正依据。这有助于他们提高其自我校准能力。

定义与漏洞

"苹果是什么样子的?"

- 父母提示一种具体的事物(如苹果),先让孩子举出它的3种核心特征。
- 然后看一看,这些特征能否得出苹果的定义,且是否有漏洞。比如孩子可能说苹果是"红色的、圆的、好吃的",但樱桃也符合这些特征。
- 接下来我们去完善定义,并寻找更多特征,从而让定义能完全且只符合目标事物。
- 有些东西很好形容,但有些东西可能很难甚至无法定义。不过针对后者的训练也是一种重要的思维体验。

训练目的:孩子需要找出一个事物的独特之处,这可以提高他们的解释能力和分析能力。有些特征可能也会指向其他事物,处理这些特征时,需要孩子运用评估能力和推理能力。为了完善定义,孩子要找出更多的特征,这是一个自我校准的过程。和上一节类似,本节中的训练方法也可以自由组合或更改。我们完全可以为自己和孩子设计出最适合的游戏方法。进展不顺时,也无须担心或焦躁,孩子苦苦思索的样子反而是训练起效的标志。

第 7 章　斯坦福思考法 6　从 4 岁开始培养哲学思维

学校教育讲究答案确定且唯一，但这种教育实则有很大的局限性。世间很多事情复杂多变，答案并非确定且唯一。哲学思维训练能成为学校教育的有力补充。有时，即便孩子自以为找到了答案，父母依然可以鼓励他们继续思考，并以多角度考察。有些问题初看时简直没有正确答案。不过越是如此，孩子就越该迎难而上，尽力解决。坚持不懈地进行思考训练，思考力定会有所提高。父母要持续督促孩子，把哲学思维训练融入他们的日常生活，变成习惯。

初中起步也不晚

如果孩子厌倦前两节的训练，我们可以把游戏升级为高阶版。其实对小学高年级的很多孩子来说，以下练习也没什么难度，完全可以上手。反之，如果孩子的哲学思维基础较薄弱，那么即便是初中生，我也推荐他们从前两节的内容起步。重要的是为孩子找到最适合的练习方法，以合理的难度安排练习。

改一个条件，结果会怎样

"学校是什么样的场所？""如果我们把学校的这个地方改一下，

会出现什么情况？"

- 父母提示一种事物或概念（如"学校"），让孩子用前一节里的"定义与漏洞"法，列举该事物的特征，从而得出定义（如"有教学楼""可以在里面学习""白天我们要去的地方"等）。
- 在孩子得出的定义中，抽出一点来做出修改。让孩子思考，如此改变会出现什么情况（如"好，我们假设学校以后就没有教学楼了，你觉得会出现什么情况"等）？
- 随着孩子思考的深入和水平的提高，我们可以换越来越抽象的概念，以提高难度。

训练目的：孩子寻找事物特征的过程就是提高解释能力和分析能力的过程。在改变部分特征后，让孩子去想象可能出现的情况时，可以调动和训练他们的评估能力与推理能力。这个练习可以让孩子去抓住一个概念或事件的前提，然后又改变这个前提，去分析这个改变可能出现的情况。这个体验非常宝贵，因为已触及了哲学思维的本质。

第 7 章　斯坦福思考法 6　从 4 岁开始培养哲学思维

交换正反方立场进行辩论

"支持，还是反对？"

- 我们选定一个话题，时事热点或身边的新闻、话题都行，只要能让孩子感兴趣即可（如"手机的使用时间应该限定在每天 2 小时以内吗"）。
- 让孩子选一个立场，支持或反对都可以。然后让他们找到依据，以支持自己的观点。
- 接下来，让孩子转变立场，从反方角度切入，思考对方可能会找到哪些依据来反驳自己的观点。再设想一下，若自己回到刚才那一方，又该如何反击，并捍卫自己的立场。
- 刚开始练习时，父母可以客串一下反方，给孩子立个"靶子"。我们可以说："那反过来看也可能××啊，你觉得呢？"
- 接收到了反方的信息，孩子需要审视自己的观点，思考如何相应做出调整，甚至转变思路。
- 如果条件允许，你们甚至可以开个家庭辩论会。无须多么正式，随便分个正反方即可，比如妈妈对战孩子，让爸爸来当评委。玩的过程中，角色可以对调，如此训练，效果还能更好。

训练目的： 为自己的观点找到依据，为自己的立场做出辩护，这个过程可以锻炼孩子的分析能力和推理能力。同时，他们需要组织语言，找到最准确的表述，所以还能提高他们的说明能力。转变立场，为对方观点做出辩护时，还能训练他们的自我校准能力和评估能力。

上述训练方法并不仅限于初中阶段的孩子，对高中阶段的孩子也同样适用。正在读大学甚至已走入社会的人，也不妨练一下，这有助于提高我们的哲学思考能力。希望父母们能把这些训练融入孩子的日常生活中去，形成有力的思考习惯，从而不断提升孩子的思考力。

第 7 章　斯坦福思考法 6　从 4 岁开始培养哲学思维

当代育儿难题解答

父母应该管到什么程度

Q 在第 2 章的章末专栏里，我们聊了报课外班的策略。

很多父母报班都是迫于周遭压力："别人都报，那我也要报。但我是不是得比他们多报几个才行？""现在不狠狠逼孩子一把，将来必定要后悔。"

A 最近这些年，这种焦虑情绪越发普遍，不只在报课外班的问题上存在，在家庭教育的方方面面都存在。父母们面临着巨大的压力。事实证明，很多父母逼了孩子一把，倒也真的尝到了甜头。"虎妈狼爸"的孩子里，当然有强化了大脑机能，提高了情绪管控能力的例子。他们的成绩也确实进步明显。

与此相关的研究报告数量庞大，不乏正面案例。但过度的干涉与逼迫肯定会带来副作用，损害孩子的身心健康。这个话题我们在第 3 章已经讲过。父母一定要杜绝控制型教育，绝不可过度逼迫孩子。

我们也不要以为，只要出发点是为了孩子好，自己的一切做法便是合理的。如果父母给孩子的是压迫式教育，那么结果多半会适得其反，哪怕父母自以为对孩子有着满满的爱。那么问题来了，我们到底要怎么做才算轻重得当呢？斯坦福大学的最新研究给出了答案，关键要看孩子能否积极而自主地投入当下的学习或探究中去。

首先，如果我们看到孩子主动探究某个问题，那么他（她）已经在寻找答案并逐个试错了。在这种情况下我们要做的就是不去打扰孩子，一定要管住自己非要上去帮忙的热情。很多父母就是管不住自己。孩子明明已经在着手解决问题了，他们非要去帮忙，生怕孩子找错了方向，或者思路不对、效率不高。虽然父母在一旁尽心尽力一一指点，很是热心，但这属于做过了头，没掌握好分寸。当孩子沉浸在思考或探索中时，大人没有必要去指点。这是在打压孩子的自驱力，给他们的研究热情泼凉水，让孩子越发觉得没劲，甚至还会影响孩子的思考力、学业成绩以及情绪管理能力。

其次，当孩子遇到困难，无法继续完成当下的学习任务时，父

第 7 章　斯坦福思考法 6　从 4 岁开始培养哲学思维

母就该提供帮助。但要注意，当孩子"卡壳"或走神时，父母不要去惩罚他（她），也不要冲孩子大吼大叫，这会让（她）产生负罪感。我们可以回到第 3 章，用自驱力教育去引导孩子，走一遍"共情、分析、提供选择权"的流程，帮助孩子找回状态。我们也不要直接告诉孩子所有答案和步骤。学习的主体应该是孩子，尽量让他（她）自己去解决问题。父母提供最低限度的提示即可。那些大包大揽式的帮助或保姆式的讲解，不见得就是有意义的。父母不要事无巨细地代劳孩子的全部任务。总有一天他（她）需要自立，所以现在就要让他（她）学会自己做好自己的事。

当今社会，压力和危机感如洪流般裹挟着每一位父母。在重压之下把握好教育的分寸，其实并不容易。父母要时刻提醒自己，我们做的很多决策可能都受到了压力的影响。要问问自己，有没有无意间陷入控制型教育的陷阱。很多时候，我们可能管不住自己的手和口，就是想拉孩子一把。但如果你能意识到时机不对，那就逼自己退一步。不要打扰孩子，把自然的成长历程还给他（她）。

结 语

练就强大思考力，让孩子赢在未来

感谢您读完全书。当我们聊培养孩子的思考力时，并不是在聊如何把一系列的思考技能灌输给孩子。我们聊的是自驱力、理解力、稳定的情绪，以及创造力。这些要素对孩子的成长至关重要，缺一不可，必须得到全方位的培养和提升。有了这些基础，孩子才可能发展出真正的哲学思维。

这些思考力的构成要素其实都源自人类先祖们的进化，是他们在进化的过程中习得了这些本领，并"刻"进了我们的基因里。所以，这些要素是每一个大脑的先天属性，而非一部分人才配享用的天赋。既然思考力就藏在我们的大脑中，那么该如何将其激活呢？

本书力求在这有限的篇幅里，浓缩大量的科研成果与思想精华，分享相关的家庭教育智慧和方法。你无须一口气实践本书的全部建议。你可以从自己做得到或喜欢的部分开始，逐步尝试，慢慢积累。我们要把目光放长远，不要急于求成。只要坚持下去就一定会柳暗花明，打开局面。

练就强大的思考力，是当下孩子们最重要的必修课。如果您能从本书中获得子女培养与家庭教育方面的启示，我不胜荣幸。

献给浩人（Hiroto）、绫人（Ayato），以及全世界的孩子们。

星友启

参考文献

考虑到环保的因素,也为了节省纸张、降低图书定价,本书编辑制作了电子版的参考书目。扫码查看本书全部参考节目内容

未来，属于终身学习者

我们正在亲历前所未有的变革——互联网改变了信息传递的方式，指数级技术快速发展并颠覆商业世界，人工智能正在侵占越来越多的人类领地。

面对这些变化，我们需要问自己：未来需要什么样的人才？

答案是，成为终身学习者。终身学习意味着永不停歇地追求全面的知识结构、强大的逻辑思考能力和敏锐的感知力。这是一种能够在不断变化中随时重建、更新认知体系的能力。阅读，无疑是帮助我们提高这种能力的最佳途径。

在充满不确定性的时代，答案并不总是简单地出现在书本之中。"读万卷书"不仅要亲自阅读、广泛阅读，也需要我们深入探索好书的内部世界，让知识不再局限于书本之中。

湛庐阅读 App: 与最聪明的人共同进化

我们现在推出全新的湛庐阅读 App，它将成为您在书本之外，践行终身学习的场所。

- 不用考虑"读什么"。这里汇集了湛庐所有纸质书、电子书、有声书和各种阅读服务。
- 可以学习"怎么读"。我们提供包括课程、精读班和讲书在内的全方位阅读解决方案。
- 谁来领读？您能最先了解到作者、译者、专家等大咖的前沿洞见，他们是高质量思想的源泉。
- 与谁共读？您将加入优秀的读者和终身学习者的行列，他们对阅读和学习具有持久的热情和源源不断的动力。

在湛庐阅读 App 首页，编辑为您精选了经典书目和优质音视频内容，每天早、中、晚更新，满足您不间断的阅读需求。

【特别专题】【主题书单】【人物特写】等原创专栏，提供专业、深度的解读和选书参考，回应社会议题，是您了解湛庐近千位重要作者思想的独家渠道。

在每本图书的详情页，您将通过深度导读栏目【专家视点】【深度访谈】和【书评】读懂、读透一本好书。

通过这个不设限的学习平台，您在任何时间、任何地点都能获得有价值的思想，并通过阅读实现终身学习。我们邀您共建一个与最聪明的人共同进化的社区，使其成为先进思想交汇的聚集地，这正是我们的使命和价值所在。

CHEERS

湛庐阅读 App
使用指南

读什么
- 纸质书
- 电子书
- 有声书

怎么读
- 课程
- 精读班
- 讲书
- 测一测
- 参考文献
- 图片资料

与谁共读
- 主题书单
- 特别专题
- 人物特写
- 日更专栏
- 编辑推荐

谁来领读
- 专家视点
- 深度访谈
- 书评
- 精彩视频

HERE COMES EVERYBODY

下载湛庐阅读 App
一站获取阅读服务

版权所有，侵权必究
本书法律顾问　北京市盈科律师事务所　崔爽律师

< STANFORD ONLINE HIGHSCHOOL KOCHO GA OSHIERU KODOMO NO "KANGAERU CHIKARA WO NOBASU" KYOKASHO>
Copyright © TOMOHIRO HOSHI 2022
First published in Japan in 2022 by DAIWA SHOBO Co., Ltd.
Simplified Chinese translation rights arranged with DAIWA SHOBO Co., Ltd. through East West Culture & Media Co., Ltd., Tokyo Japan.
Simplified Chinese edition copyright © 2024 by BEIJING CHEERS BOOKS LTD.
All rights reserved.

本书中文简体字版经授权在中华人民共和国境内独家出版发行。未经出版者书面许可，不得以任何方式抄袭、复制或节录本书中的任何部分。

湖南省版权局著作权合同登记章字：18-2024-260 号

著作权所有，请勿擅用本书制作各类出版物，违者必究。

图书在版编目（CIP）数据

斯坦福高中校长给父母的 6 堂课 /（日）星友启著；
赵学坤译 . -- 长沙：湖南教育出版社，2024.12
ISBN 978-7-5539-9990-6

Ⅰ.①斯… Ⅱ.①星… ②赵… Ⅲ.①学习方法
Ⅳ.① G442

中国国家版本馆CIP数据核字(2024)第046994号

SITANFU GAOZHONG XIAOZHANG GEI FUMU DE 6 TANG KE
斯坦福高中校长给父母的 6 堂课

出 版 人：	刘新民
责任编辑：	陈逸昕
封面设计：	湛庐文化
出版发行：	湖南教育出版社（长沙市韶山北路443号）
网　　址：	www.jiaxiaoclass.com
微 信 号：	家校共育网
电子邮箱：	hnjycbs@sina.com
客服电话：	0731-85486979
经　　销：	全国新华书店
印　　刷：	天津中印联印务有限公司
开　　本：	710mm×965mm　1/16
印　　张：	14
字　　数：	128千字
版　　次：	2024年12月第1版
印　　次：	2024年12月第1次印刷
书　　号：	ISBN 978-7-5539-9990-6
定　　价：	79.90元

本书若有印刷、装订错误，可向承印厂调换。